GÂNDURI VECHI ȘI NOI

Maxime și aforisme
de Nicolae MAREȘ

cu desene de Octavian Bour

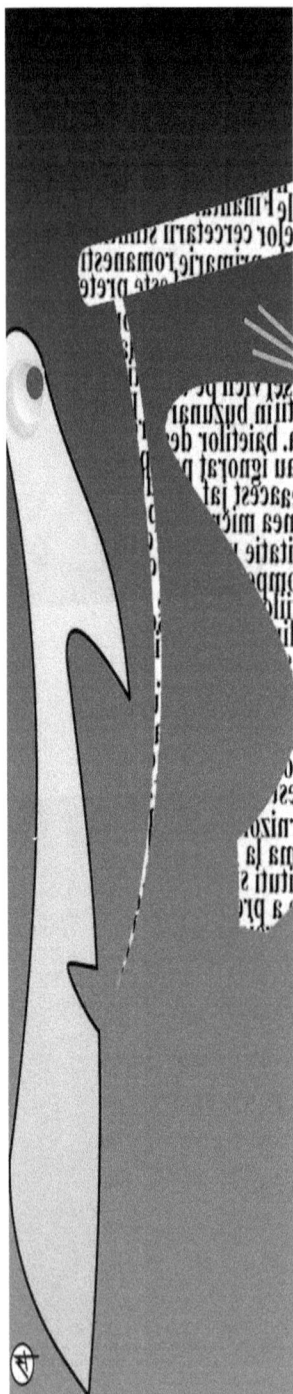

Maximele şi aforismele lui Nicolae Mareş au în ele multe din caracteristicile acestei specii: formulări dense, percutante, unele rime interioare cu funcţie mnemotehnică, înţelepciune, dragoste de om şi de viaţă, înţelegerea omenescului din noi, umor, spirit de observaţie şi analiză, judecăţi de valoare exacte şi îndrăzneţe şi uneori un previzibil didacticism moralizator. Pe alocuri sunt ca nişte biciuiri focoase, dar şi gingaşe ca nişte flori; altele mai ermetice, cu anumite taine în ele, şi foarte multe cu toate ferestrele gândului deschise încât se vede până-n adâncimi. Majoritatea aforismelor lui Nicolae Mareş respectă cerinţele lui Lucian Blaga din *Discobolul*: „Când formulezi un aforism trebuie să-l aduci în situaţia de a refuza orice adaos. Un aforism trebuie să fie ceva laconic, încheiat ca *Biblia*."

ION DODU BĂLAN

Nicolae MAREŞ

GÂNDURI VECHI ŞI NOI

Maxime şi aforisme

cu desene de Octavian Bour

Prefaţă de Ion Dodu Bălan

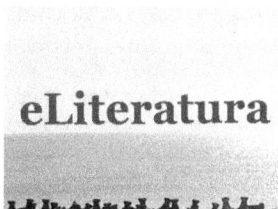

eLiteratura

Această carte se publică în cadrul Proiectului eLiteratura în format electronic şi tipărit.

eLiteratura

Coperta: Leo Orman.
Ilustraţiile: Octavian Bour. *Autorul şi eLiteratura mulţumesc Domnului Octavian Bour pentru permisiunea de a reproduce desenele sale.*

© 2014 eLiteratura.
ISBN 978-606-700-110-5

Pentru informaţii privind prezenta carte, adresaţi-vă editurii eLiteratura:
021 312 8212,
info@ePublishers.info.

www.eLiteratura.com.ro
www.eLiteratura.us

Puteţi cumpăra ediţia color a cărţii de aici:
https://www.createspace.com/5261674

Descrierea CIP a Bibliotecii Naţionale a României
MAREŞ, NICOLAE
Gânduri vechi şi noi : maxime şi aforisme / Nicolae
Mareş. – Ilustr.: Octavian Bour. – Pref.: Ion
Dodu Bălan. – Bucureşti : eLiteratura, 2014
ISBN 978-606-700-110-5

821.135.1-84

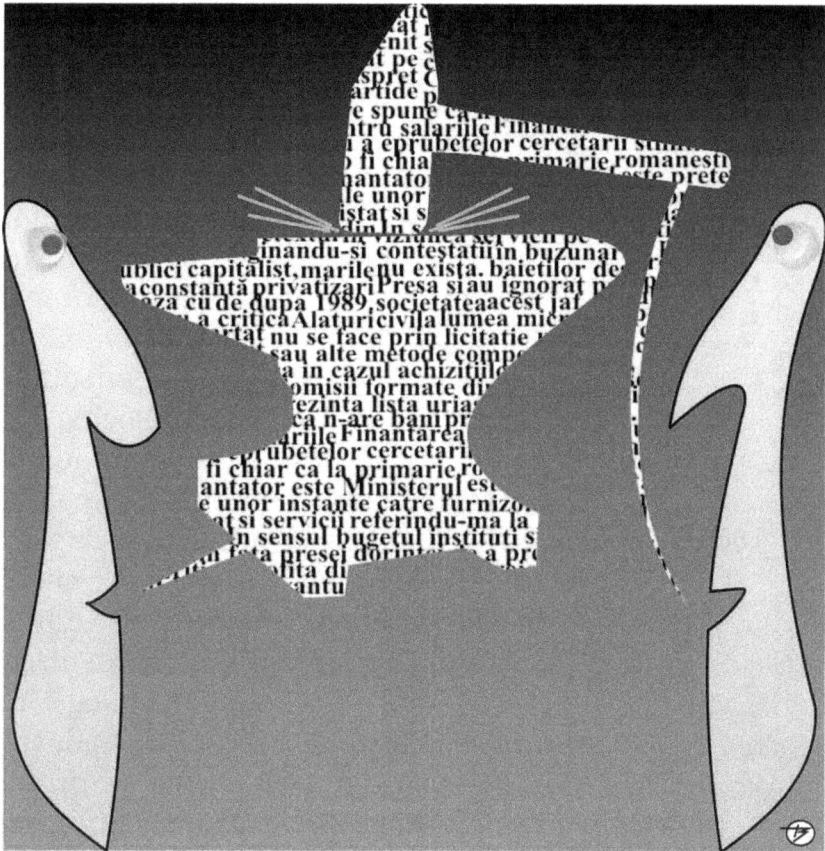

PREFAŢĂ

„Abia înţelese, pline de înţelesuri" – aşa definea genialul Eminescu proverbele, speciile sapienţiale – cu profunzimea lui de gândire şi inegalabila forţă expresivă. Se ştie, în limba română, proverbul face parte din seria sinonimiei ca: maximă, aforism, vorbă cu tâlc etc. Asemenea creaţii găsiţi şi în această carte de înţelepciune şi frumuseţe morală.

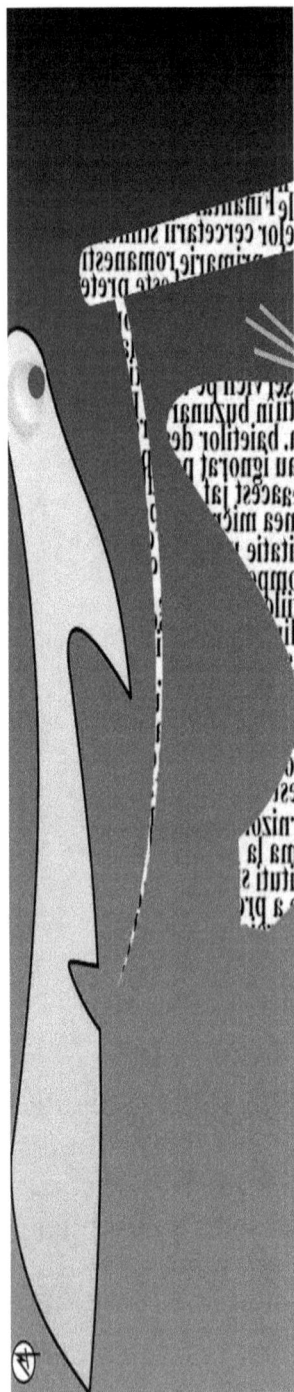

Poet, eseist, critic şi istoric literar, inte-
lectual de factură modernă şi aleasă
cultură, Nicolae Mareş aduce acum pe
piaţa cărţii un volum de aforisme
maxime şi *proverbe* originale, după ce
– în prealabil – a publicat la eLiteratura
Cartea înţelepciunii universale, un
monumental *Dicţionar de maxime şi
aforisme din cultura română şi
universală,* despre care talentatul
editor şi scriitor Vasile Poenaru îi
spunea cititorului: „ţii în mâinile tale
un tezaur de o valoare inestimabilă.
Cartea de faţă cuprinde – grupate peste
1200 de teme, circa paisprezece mii de
maxime, aforisme, cugetări, proverbe şi
zicători..." În ansamblul operei mare-
şiene (studii de morală şi sociologie, de
istoria culturii şi a filosofiei, traduceri
şi poezie originală) nu mă surprinde
dacă ne amintim că universul liricii sale
e punctat de numeroase versuri sapien-
ţiale. Spuneam, într-o cronică închinată
volumului său de poezii – *Clarobscur
în amurg* – că anumite pasaje ar putea
fi extrase şi publicate ca maxime şi
aforisme, căci Mareş izbuteşte ca
filosoful şi poetul din personalitatea sa
să coexiste, spre folosul amândurora.

Maximele, aforismele şi anumite pro-
verbe din prezenta carte a scriitorului
Nicolae Mareş s-ar putea înscrie în
prelungirea cunoscutelor lucrări din
literatura noastră semnate de Titu

Maiorescu: cugetări şi aforisme, de Nicolae Iorga (*Cugetări din 1905 şi altele*), de Lucian Blaga (*Discobolul, Pietre pentru templul meu*).

Termenii aforism, maximă fac parte din aceeaşi familie semantică, la care în limba română se mai pot adăuga sinonimele: vorbe cu tâlc, vorba ăluia, zicătoare, vorbe din bătrâni... În ultimă instanţă toate aceste specii sapienţiale se pot cuibări sub noţiunea de literatură sapicnţială.

„*Proverbele* – scria aforistic Lucian Blaga – *le fac numai cei păţiţi,* înţelegând prin termenul păţit nu numai suferinţă, durere fizică sau morală, ci şi experienţe de viaţa

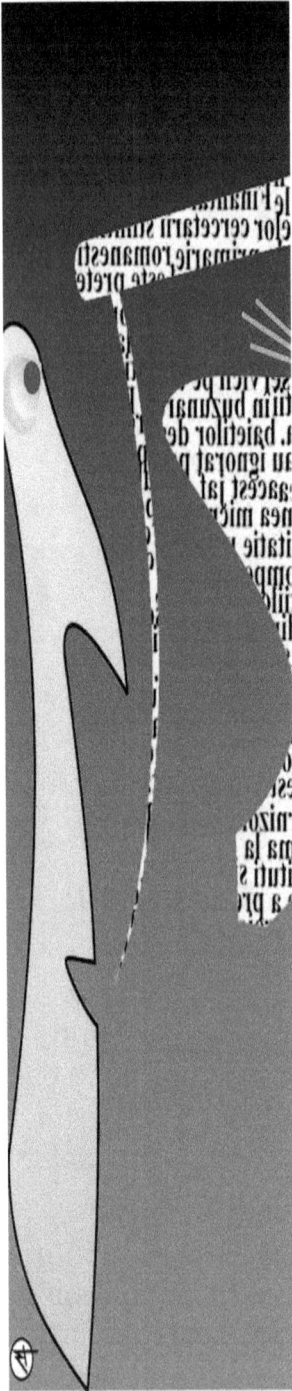

îndurată în felurite conjuncturi ale existenţei". Proverbele şi toate celelalte specii amintite, fireşte, au nuanţele necesare.

P ă ţ i t e omul care s-a lovit puternic de viaţă, care a îndurat relaţii sociale dintre cele mai diverse, care a fost încercat de soartă, care a văzut şi observat multe despre firea omenească.

În acest sens, diplomatul şi scriitorul Nicolae Mareş este *un om păţit,* pe deplin îndreptăţit să scrie PROVERBE, MAXIME, şi AFORISME. După opinia lui Lucian Blaga proverbul este un aforism ţărănesc. El, un temeinic om de cultură şi-a orientat sfera de preocupări şi cuprindere a proverbelor sale parcă inspirat din *Pildele sau proverbele lui Solomon* din *Vechiul Testament,* de ce nu ale fostului Cardinal de Cracovia şi Episcop al Romei, Papa Ioan Paul al II-lea, acum Sfânt, din opera căruia — cele 3000 de omilii şi cazanii, a publicat, în 2004, o culegere de *Cugetări.* Citind cartea lui Nicolae Mareş te surprinde cât de mult răspunde ea prin tematica scopurilor Proverbelor biblice: „pentru cunoaşterea înţelepciunii şi învăţăturii /.../ pentru căpătarea învăţăturilor de bun simţ, de dreptate, de judecată şi de nepărtinire, ca să dea celor neîncercaţi agerime de minte, tânărului cunoştinţă şi chibzuinţă"

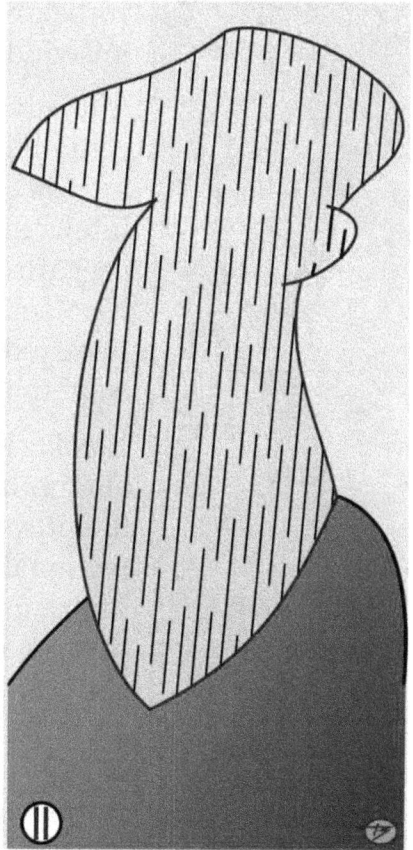

(cap. I, v. 2,3,4). Pe asemenea coordonate se înscrie sfera codului moral al tuturor proverbelor, aforismele inclusiv ale lui Nicolae Mareş, menite să instruiască, să educe, să cunoască natura umană, să respecte valorile etice, binele, adevărul, omenia, buna purtare şi pe cele estetice, să condamne viciile, invidia, nestatornicia în atitudini şi sentimente. „Nu crede – ne îndeamnă autorul pildelor din acest volum – în cei care îşi schimbă stindardele sau opţiunile precum şosetele!" Veştejeşte prefăcătoria, linguşeala: „Limba linguşitorului e unsă cu miere, dar şi cu fiere"; învaţă autoritar: „Să ştiţi că lăcomia, până la urmă, crunt se răzbună", confirmând parcă adevărul din

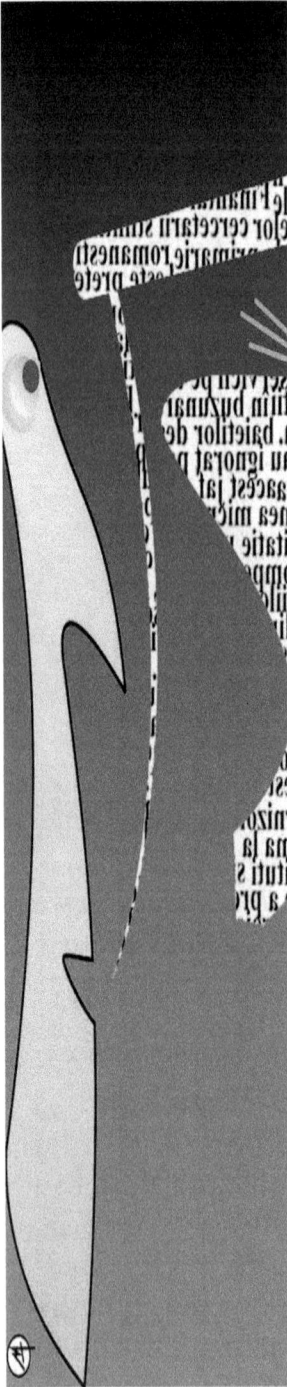

vorbele cronicarului moldovean: „Lăcomia vinde neamul şi moşia".

Alte învăţături sunt legate strict de actualitate „Lasă stresul la uşă: când intri cu el în pat îţi curmi din viaţă". Ca intelectual diplomat, cu o temeinică pregătire filosofică şi sociologică, Nicolae Mareş exprimă şi o convingătoare judecată asupra societăţii şi lumii contemporane.

Nicolae Mareş oferă un fericit exemplu al faptului că unele proverbe se fac tot din proverbe adaptate unor experienţe, personale sau colective, din alte împrejurări şi momente istorice: „Nu doar pe copii, ci pe toată ţara a aruncat-o Băse cu scalda". Nu e greu să ne amintim zicătoare, vorba cu tâlc din bătrâni: *Odată cu apa murdară a aruncat şi copilul din copaie.*

Unele aforisme ale lui N. Mareş sunt judecăţi curajoase şi drepte privitoare la morală şi la viaţa social-politică: „Normalitatea a devenit azi o floare rară" sau „*Democraţia originală* devine paradoxală: nu contează câţi votează, contează indicaţiile Bruxelles-ului şi verdictul Curţii Constituţionale, cea din care – în majoritate – lipsesc judecătorii de profesie".

Un sfat bun şi un îndemn foarte înţelept de pedagogie tradiţională şi modernă, totodată, se exprimă cu

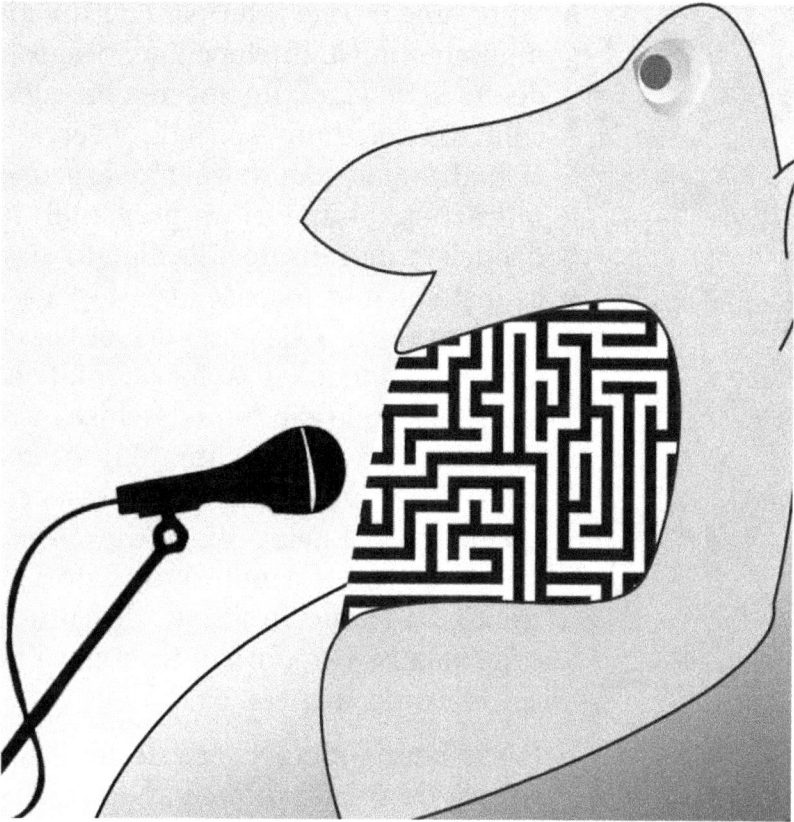

simplitate salutară: „Când te judeci singur, nu fi blând, ci dur". Aforismele lui Nicolae Mareş cer omului o permanentă exigenţă faţă de ţinta morală a omului.

Mesajul multor aforisme, maxime, pilde, vorbe cu tâlc – oricum le-am numi – e fericit relevat de excelentele desene ale lui Octavian Bour, mult mai elevate, mai moderne şi mai sugestive decât cele ale lui Jules Perahim foarte folositoare şi ele, în proccsul de înţelegere a proverbelor şi a literaturii – şi se pare singurele – sapienţiale, în genere.

Maximele şi aforismele lui Nicolae Mareş au în ele multe din caracteristicile acestei specii: formulări dense, percu-

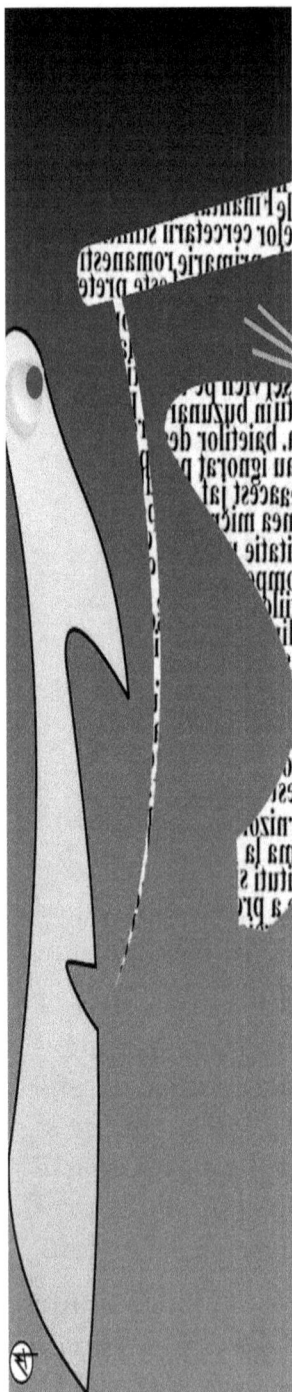

tante, unele rime interioare cu funcţie mnemotehnică, înţelepciune, dragoste de om şi de viaţă, înţelegerea omenescului din noi, umor, spirit de observaţie şi analiză, judecăţi de valoare exacte şi îndrăzneţe şi uneori un previzibil didacticism moralizator. Pe alocuri sunt ca nişte biciuiri focoase, dar şi gingaşe ca nişte flori; altele mai ermetice, cu anumite taine în ele, şi foarte multe cu toate ferestrele gândului deschise încât se vede până-n adâncimi. Majoritatea aforismelor lui Nicolae Mareş respectă cerinţele lui Lucian Blaga din *Discobolul:* „Când formulezi un aforism trebuie să-l aduci în situaţia de a refuza orice adaos. Un aforism trebuie să fie ceva laconic, încheiat ca *Biblia.*"

O asemenea lucrare, aşa de mult pătrunsă de spiritualitatea autohtonă şi universală, merită să fie cunoscută, să fie mereu la îndemâna omului, ca un ghid de comportare în viaţă, pentru cititori din toate generaţiile şi cu cea mai diversă pregătire şcolară.

Prof. univ. dr. ION DODU BĂLAN

Sunt lacrimi care macină până şi pietre.

O linie vizibil frântă e cumpăna dreptăţii azi.

Uităm, uităm, uităm – iertăm, iertăm, iertăm; trebuie
să ne mai şi mişcăm.

Fără o judecată morală de la care să plecăm – în
sofisme ne împotmolim.

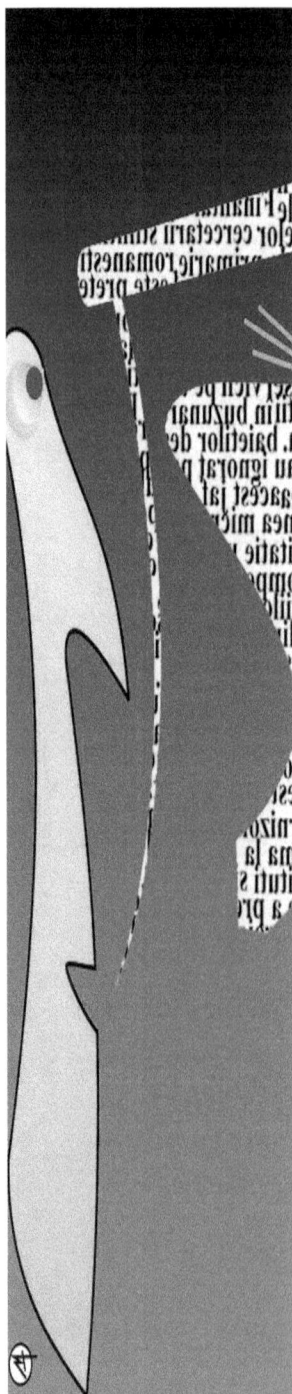

Am văzut Judecata dreaptă: a ieşit din Tribunal desfigurată.

Nimic nu deformează (impietează) judecata mai mult ca mânia.

Fapta, doar fapta, rămâne farul călăuzitor în viaţă. Sau – după cum spunea Iorga –: când chemi la muncă, să te văd cu sapa în mână.

Fără o bună rânduială în fapte, nu vei afla de partea cui e dreptatea.

Nu crede în cei care îşi schimbă stindardele sau opţiunile precum şosetele.

Ecourile care te-ajung în pustiu sunt un imbold pentru a nu-ţi ascunde capul în nisip.

De lăudăroşi fugi şi leapădă-te ca de ciumă.

Lauda făcută în public obligă, atât pe cel care a făcut-o, şi – mai abitir – pe cel care a primit-o.

Sunt şi laude care te defăimează.

Cine munceşte pentru a fi lăudat termină prin a fi înjurat.

Lauda îngraşă doar pentru scurtă vreme.

Ele, singurele, – faptele – se pot încheia cu laude.

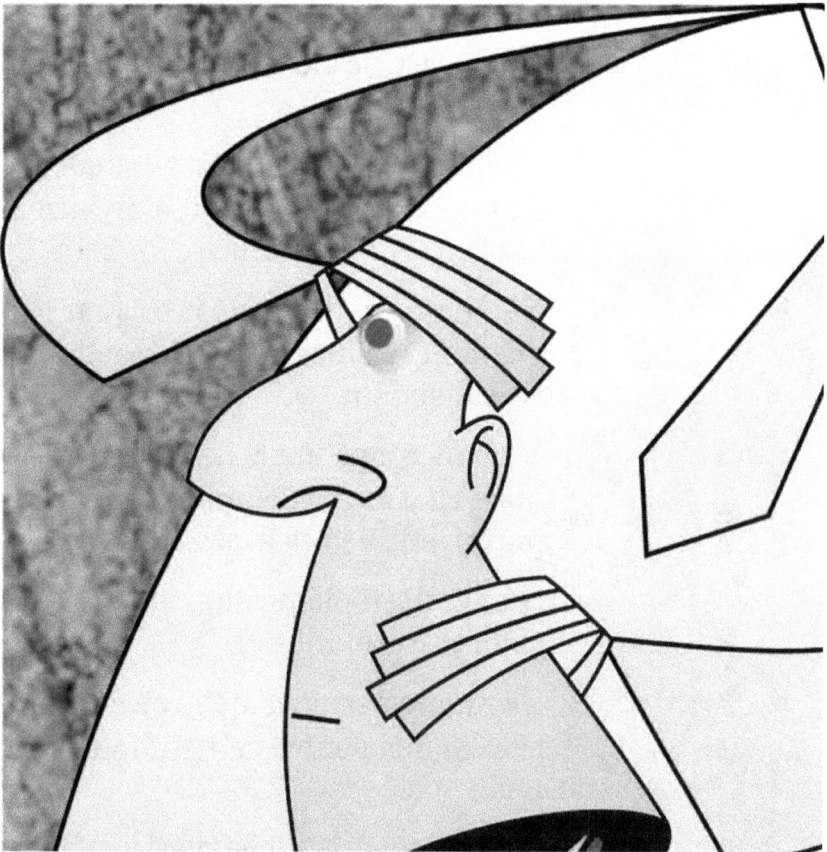

Un cui, şi-acesta strâmb, bătut în coşciug: iată lauda ciocoiului nătâng.

Doar timpul îmi va arăta cât i n t e r e s a fost în lauda ta.

Interesele celui care te laudă sunt în general bătălii de cursă lungă.

Să ştiţi că lăcomia, până la urmă, crunt se răzbună.

Vine o vreme când doar cu apă ne mai vindecăm....

Lenea face din om neom.

Uneori memoria ne suportă tot mai greu. Oare de aici şi festele pe care ni le joacă?

Nu pierde cel care în noroc crede. Nu-i un păcat să crezi şi să divinizezi soarele care dă strălucire faptelor.

Şlefuieşte-ţi ideea până ce ca un diamant străluceşte. Şi numai după aceea vinde-o.

Unii îngroapă ideile de-a valma: cele bune cu cele rele. Numai aşa putrefacţia e la ea acasă.

Şlefuindu-ţi planurile şi ideile, aşa viaţa ţi-o prelungeşti.

Să nu mori pentru ideile pe care nu le ai, şi nici pentru cele străine firii tale.

N-aveţi teamă! Ideile mari sau bune se promovează singure. Reclama lor e de prisos.

Culmea ipocriziei. Să ascunzi mişelia-n zâmbet.

Până la proba contrară, poţi crede şi-n ipoteze. Nu te costă nimic.

Nu vă îndoiţi: romanticii se vor trezi până la urmă. Foamea îi va (a)duce la realitate.

Deseori încrederea netezeşte drumul pagubei.

O iau razna şi cei aproape de ţintă, unii chiar cu ochii pe ea.

Îndoială? A înţelepţilor socoteală.

Puterea ţi-o cunoşti? Poţi să îndrăzneşti!

Întrebările multe şi repetate din mari încurcături te scoate.

Din întrebările cu tâlc. Minciuna emisă e oare pe măsura întrebării (s)pusă?

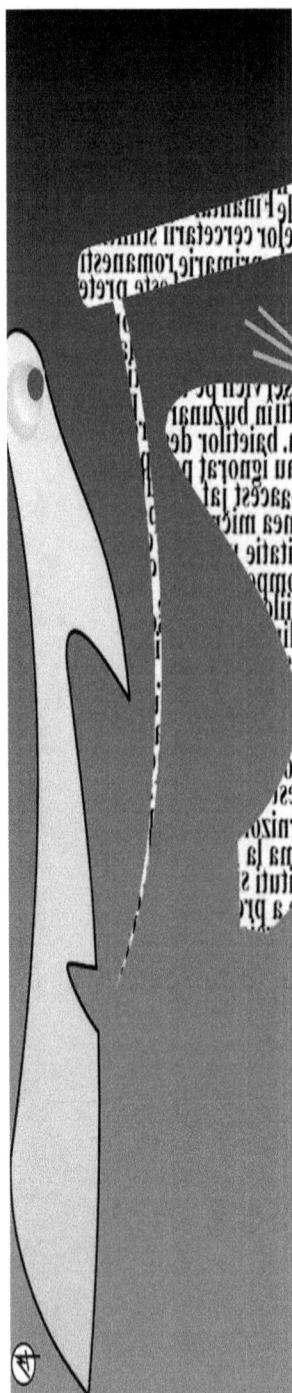

Mintea ţi-o şlefuieşti învăţând. Niciodată trândăvind.

Cu învăţătura să rămâi însurat toată viaţa.

Fii fără grijă. Învăţătura nimeni nu ţi-o fură.

Învăţătura bătrânilor are în ea şi trăinicie şi statornicie.

Şi dobitoacele vor să nu fie chinuite şi să înveţe ceva mai uşor!

Sfaturile – au şi ele – sfetnicii lor.

Folosind toate simţurile, înveţi mai uşor şi cu spor.

Mintea tânără nu-i obosită; ea se lasă mai uşor modelată şi desţelenită.

Dacă o înţelegi, greşeala îţi poate veni în ajutor.

Învinge numai cel dornic şi pregătit să învingă!

Cu tămâie nu se vindecă jignirea.

Printre vajnicii temerari daţi şi de temerari întâmplători.

Puţini dintre dezmoşteniţii soartei îşi mai redobândesc moştenirea.

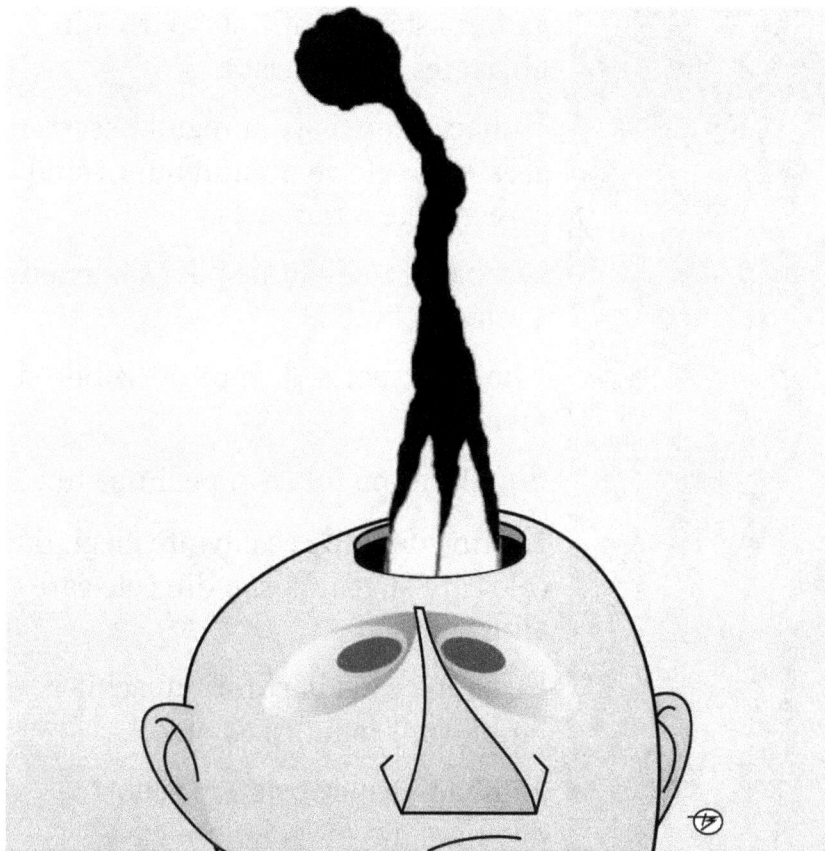

M a e s t r u – i doar cel care cunoaşte şi respectă firea lucrurilor şi menirea muncii.

Cu timpul, leneşii devin atât de răi, încât e imposibil să mai poţi crede în ei.

Când te supui voinţei altora, ca o frunză în vânt e libertatea ta.

Nu vor să fie liberi cei care se tem de libertate.

Libertatea-i sănătatea sufletului luptător nu a celui cârtitor.

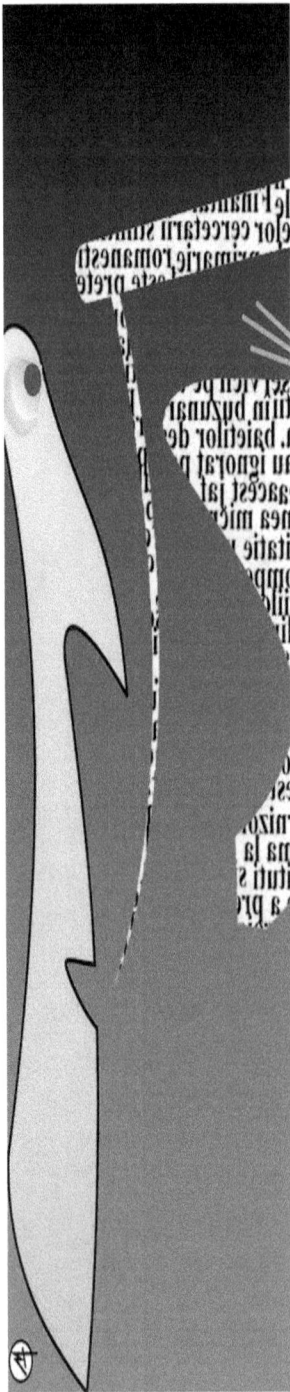

În bunăstare se află şi o parte din libertatea nemăsurată.

Bunăcreşterea are şi reguli nescrise; acestea-s cele venite din bunul simţ care ajunge o rara avis.

Limba l-a mlădiat pe poet sau poetul a mlădiat limba?

Limba-i creator de punţi! Vizibile şi invizibile.

Nu disemina tot ce ai pe limba ta.

De tine depinde ce cuvinte alegi: din cele care sugrumă sau din cele care alintă.

Se spune că la bârfitori muşchii limbii sunt mai tari ca oţelul.

Limba ţi-aduce prieteni sau duşmani, fie în faţă, fie-n casă.

Limba linguşitorului e unsă în miere dar şi-n fiere.

Cel care în linguşitor se încrede, mai devreme sau mai târziu, capul şi-l va pierde.

Rolul primordial al matematicii: de-a rândui şi mobila mintea.

Concluzia nutriţioniştilor: mâncarea de dimineaţă îţi dă mai multă viaţă.

Defectul neîndreptat – ca o ghiulea la picior i-a stat.

Mărirea nemeritată – povară pentru întreaga viaţă.

Etalonul bunei cuviinţe – m ă s u r a.

Îmbuibatul nu va fi niciodată cumpătat, el nu ştie ce-i
    măsura.

Numai braţele şi mintea ne-au civilizat.

Mândria bine măsurată să ajungă în fiecare poartă.

Ocara: sora mai mare a mâniei.

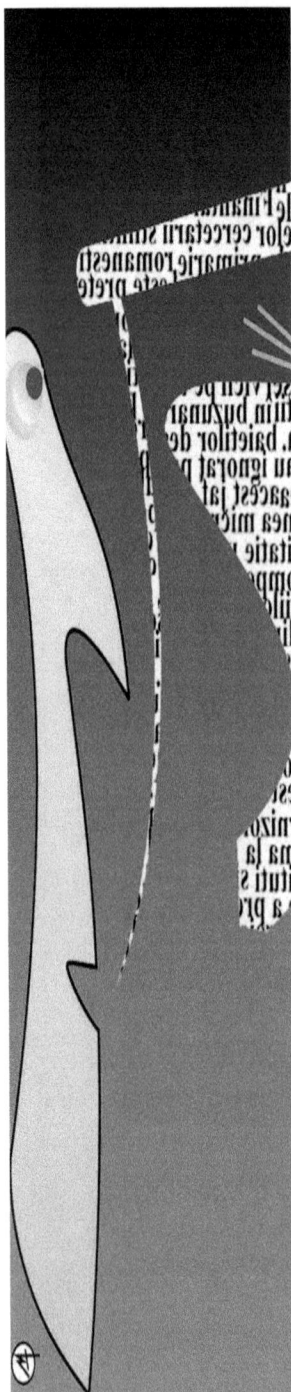

Tărăgănând lucrurile te sufoci din mânia acumulată.

Spunea Pavel din Tars: Soarele să nu apună peste mânia voastră. În vremurile noastre, cine mai ştie sau face asta?

Vrei să demaşti minciuna? Eşuezi dacă cu ură începi!

Minciuna stă sub acelaşi acoperiş cu ruşinea.

Mintea e stăpână; mintea pe toate le vede, le simte şi le îndură.

Cine speră că doctorii vor găsi soluţii miraculoase pentru a face faţă morţii se înşeală; moartea e mai stăpână pe meseria ei decât toţi doctorii la un loc.

Lupta cu moartea n-a asigurat nimănui nemurirea.

Rămâne să aflăm ce-i mai greu de suportat. Viaţa sau moartea?

Este adevărat. Odată mort: refuzi viaţa.

Moştenirea de neam este invizibilă. E mai importantă decât cea materială, însă de puţini băgată în seamă.

S-a mulţumit cu puţin: nu i-a lipsit nimic.

Imbecilul din născare, greu îşi află vindecare.

S-a dovedit că atunci când se învecheşte, răul se
şi-amărăşte

Ce minune! Să faci miere din amărăciune.

Să te ferească Dumnezeu de aroganţa slugii.

Oare există un p u ţ i n care să îţi asigure un trai mai
bun?

Cel îngenunchiat e mai uşor de mângâiat pe cap!

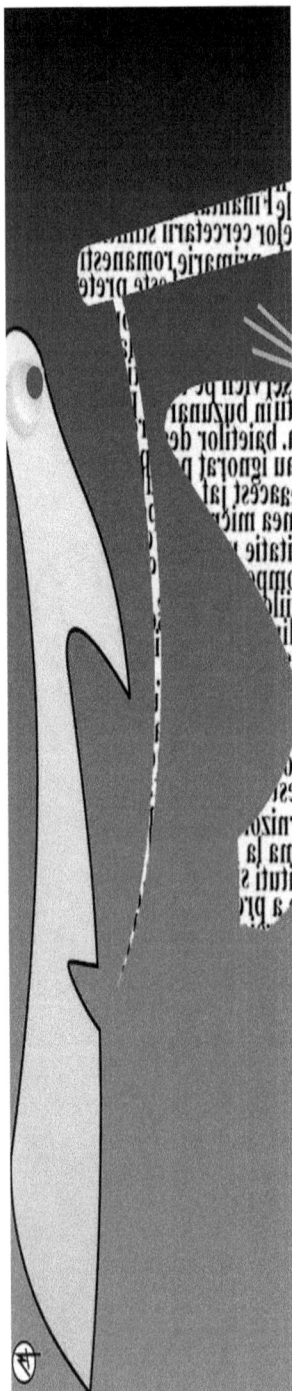

Mânia poate să înfrângă dar să şi îşi rupă inima.

Doar când am s-o văd şi s-o măsor voi crede în m i n u n e a din om.

Omul este o minune; eu cred însă în OM şi nu în minuni.

Să fie doar o umbră pe pământ? – Cu siguranţă ar fi prea puţin.

Răul din lume ne-a inundat cu micime.

Odată intrată în acţiune, căinţa virtute devine.

Mâna şi mintea propăşit-au tehnica.

Se mândreşte şi cu ce nu are, ca să pară şi mai mare.

Tot sporită şi mărită – lumea a devenit din ce în ce mai mică.

Arta în diplomaţie – negocieri trainice înseamnă; arta războiului doar prin războaiele câştigate s-a impus.

Cu timpul, manierele simple, plecate de la o bază temeinică, devin mai convingătoare.

În istorie faptele martirilor n-au impresionat pe duşmani dar nici pe călăi.

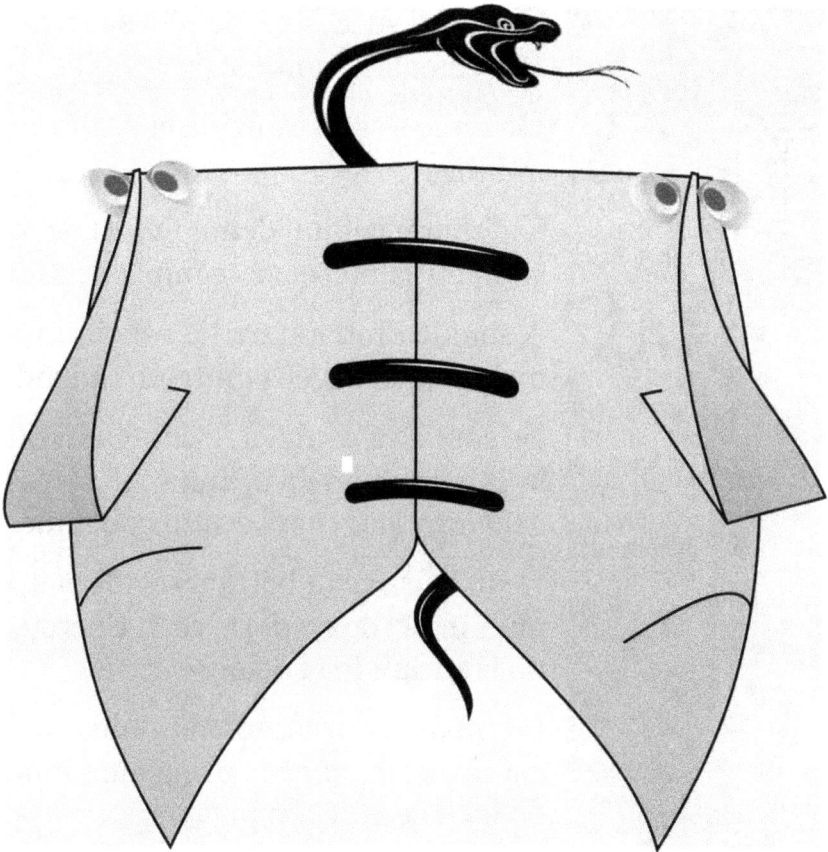

Nemuritor e doar Cel care a câștigat măcar o dată
  bătălia cu moartea.

În natură, măreția adevărată este la ea acasă.

Cine pe educație a mizat, în viață a și câștigat.

Natura a fost creată, nu pentru a fi schimbată, ci
  pentru a te ajuta de ea, Omule. Și, nu în ultimul
  rând, pentru a fi admirată, Fiule.

Nu mai mi-e frică de Cel de Sus, atâtea piedici mi-a
  pus....Ce mai contează una în plus.

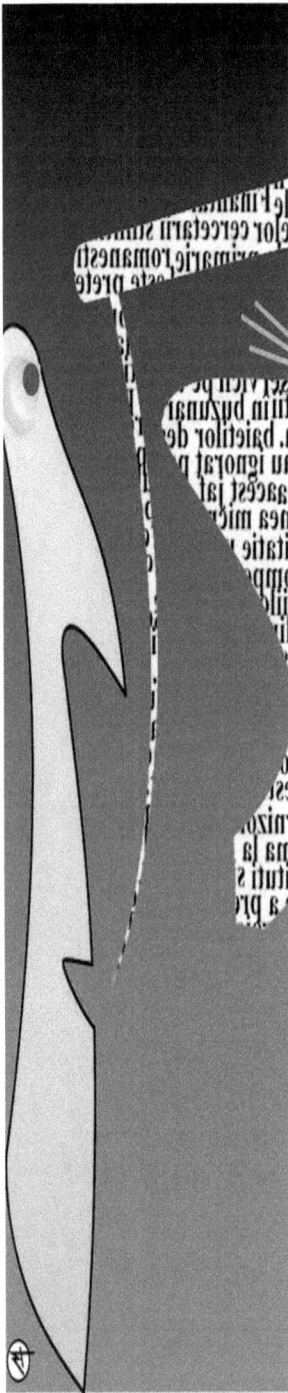

Calculezi succesul? Nu uita să treci la socoteală şi norocul.

De unde să ştie tranziţia ce-i trăinicia?

Cu imprevizibilul denumit a l t c e v a, repetiţia nu se poate împăca.

Nebunia dintr-un partid este infinit mai mare decât cea dintr-un individ.

Se spune că geniul adevărat ar avea în cap un strop de nebunie. Îi dispare, când capul e-ntins pe funie.

Pe măsură ce îmbătrânesc, tot mai mult în noroc cred. De ce în tinereţe nu credeam în el deloc?

N-am avut noroc, am bătut doar în uşi zăvorâte. Până la urmă am rămas doar cu ceea ce am învăţat.

Norocul n-are fraţi, n-are surori. E singur la părinţi.

Norocul e orb. Îl îmbrăţişează copios doar pe cel din născare norocos.

Insulta e trainică. Îl terfeleşte pe omul cel bun chiar pe termen lung.

Blândeţea este fiica blândului.

Am văzut şi nonsensuri înaripate. Acestea zboară peste tot – zi şi noapte.

Normalitatea a devenit azi o floare rară; a dispărut din toate mediile frecventabile pentru omul normal.

Luciditatea şi stupiditatea nu intră în aceeaşi teacă.

Sunt prea mari ravagiile disperării ca să le cuprinzi fruntariile.

Am învăţat de la aforistul Jerzy Lec să caut să fug de Marele Nimic şi să aleg nimicul mic.

Până şi un n i m i c nu vine pe lume nepoftit.

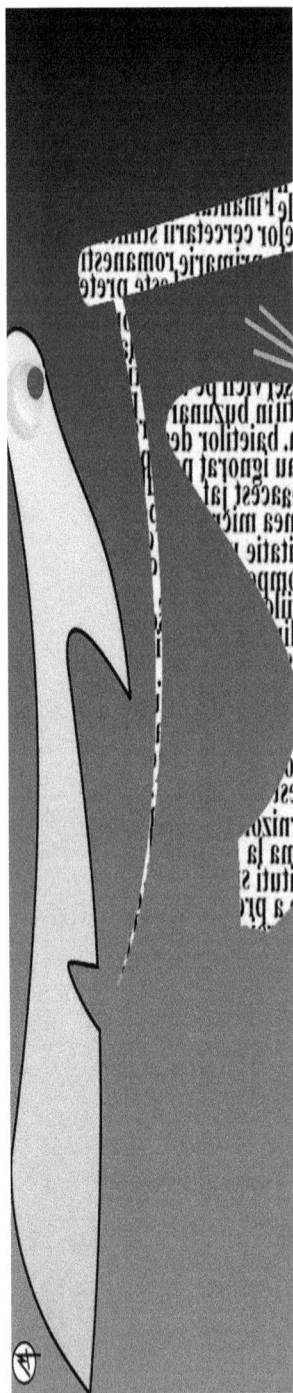

Pentru mine Micromania este preferabilă Grandomaniei.

Chiar şi insultele uşoare îţi pot sparge timpanele.

Îmi place cum războinicul Neutru tremură sub ascuţişul săbii.

În contrazicere perpetuă: rezistă cu există. Cum s-ajungi la performanţă dorită?.

Nu te lauda la vecină că ai nevastă bună.

O alegere bună nu-i pentru oricine la îndemnă.

Prostia neinteresantă nu-i tot timpul proastă.

Repede m-a trădat ceea ce uşor am câştigat.

Dacă ştiinţa-i puternică, neştiinţa-i mai atotcuprinzătoare.

Neştiutorii se grăbesc; sunt primii în faţă să ne povăţuiască.

De pe calul vecinului cazi mai repede şi mai rău decât de pe al tău.

Doar popoarele nobile ştiu ce-i Recunoştinţa.

Duşmanii sunt deştepţi şi proşti, drepţi şi nedrepţi. Cum să-i cunoşti?

Nerecunoştinţa este ingrată: te sugrumă şi te lasă în baltă.

Cel cu sufletul vândut se va evapora mai uşor de pe pământ.

Uşor dobândeşti, uşor pierzi.

Doar curajul poate alunga mai uşor nenorocirea.

Omul e stăpânul fericirii dar şi al nefericirii.

S-a dovedit că nu se moare din nepăsare.

Nepăsarea a îngropat chiar şi capete încoronate.

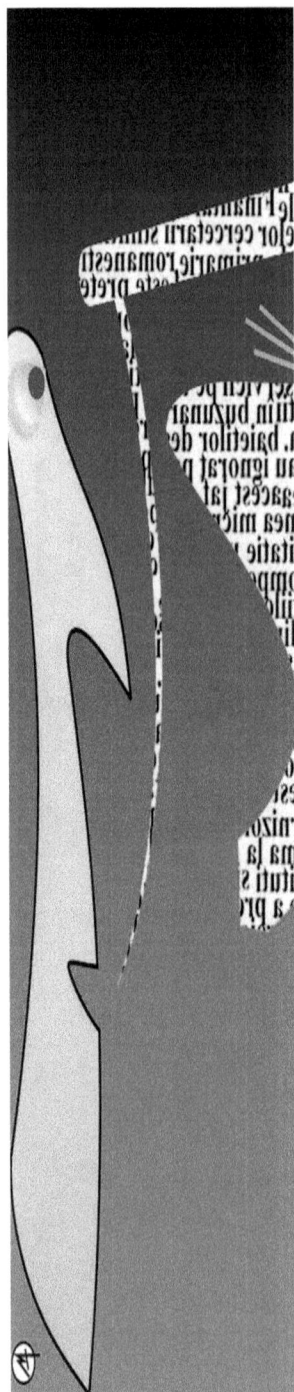

Nerăbdarea te aruncă mai uşor în prăpastie.

Schimb plâns molipsitor pe un sughiţ trecător.

Tragic. Ai fugit de nenorociri şi le-ai luat ca noi de la început.

În zadar ai fugit de nenorociri, dacă altele din urmă te-au ajuns.

Moartea are o calitate mai puţin cunoscută. Pe unii îi face mai repede nemuritori.

Unii spun că râsul este molipsitor. Dacă cercetezi cu atenţie, nu mai puţin molipsitor e plânsul.

Nu toate sensurile greşite ca şi cele întortochiate pot fi îndreptate.

Capodopere scriu doar cei care pot, mai rar sau mai deloc cei care vor.

Făcând mai tot timpul pe nebunul a rămas cum se prefăcea.

De nebunia copiilor râd, de nebunia bătrânilor plâng.

Greu îndrepţi nedreptatea spre calea cea dreaptă.

Cea mai mândră de isprăvile făcute e nedreptatea.

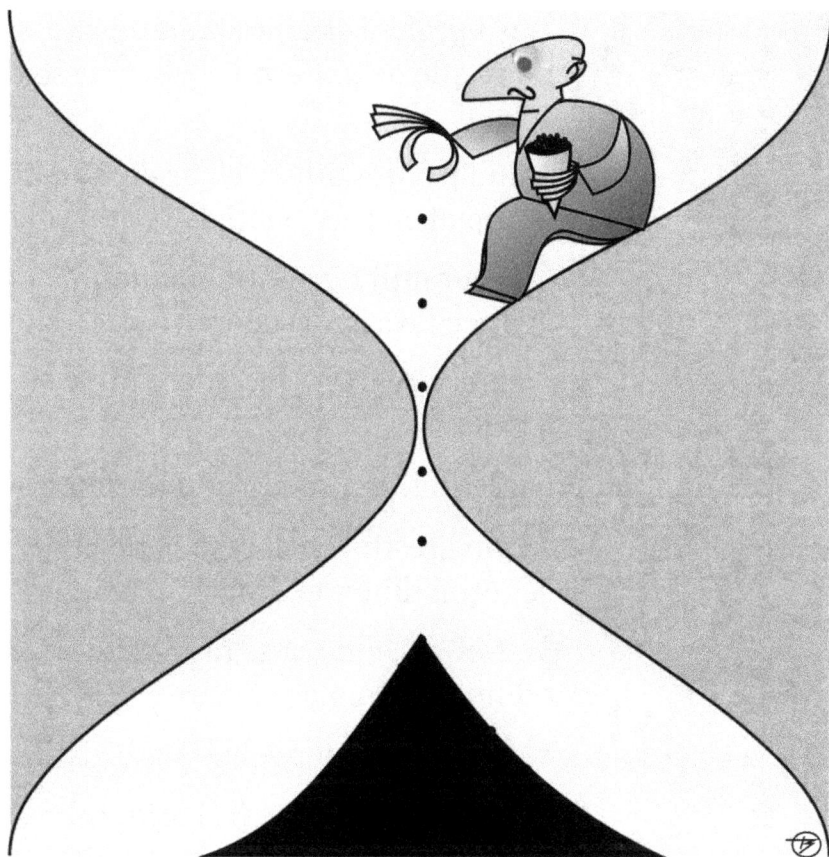

Doar săpând adânc poţi vedea că rădăcinile nedreptăţii sunt întortochiate, strâmbe şi chiar putrede.

Ieşită la suprafaţă, nedreptatea-i mai nedreaptă.

Transformarea vine de la mişcare.

Existăm ca să murim. Nu totdeauna o şi ştim.

Chiar dacă în moarte îţi pui ultima speranţă tot acelaşi sfârşit te aşteaptă.

Fiorii morţii nu sunt la fel; într-un fel e când dai piept cu moartea – altfel când n-o simţi şi n-o vezi.

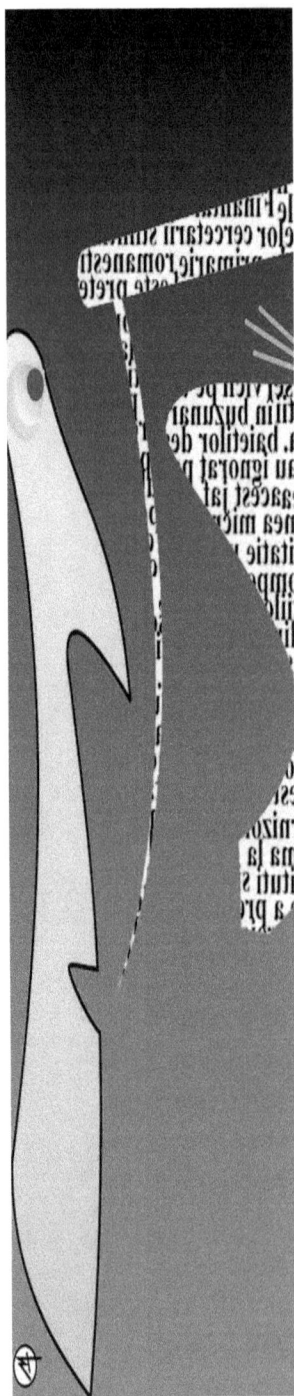

Laşii preferă să aibe statut de laşi. Să nu se ştie de unde vin şi din cine se trag.

Fiind printre proşti, chiar dacă te-ai apropiat cu frică, ei îţi dau curaj.

Obscuranţii nu pot trăi în lumină. Pe ei orice licărire îi supără.

Cel care ocărăşte încredere nu găseşte.

Sufletul rănit, suferă şi-n mormânt.

Mulţi creştini îşi doresc să fie buni; şi puţini dintre ei, ţinta şi-o ating.

În Deltă, Dunărea se răsfaţă, se odihneşte. În mare moare.

Odihna şi lumina – balsamul vieţii.

Până la urmă poate fi şi orbit cel care suportă să fie ocărât şi umilit.

Învingând obstacole îţi vei cunoaşte puterea adevărată.

E atât de hain că nu se îneacă nici în venin.

Siguri pe ei mulţi ignoranţii se cred a fi zei.

Nu se cunoaşte cel care slăbiciunile toate şi le recunoaşte.

Potcovit cu pinteni, obraznicul are curaj să sară orice măsură.

N-ar fi om dacă n-ar fi în el şi înger şi demon.

Vorbele spuse îi trădează pe unii scriitori. Cele tipărite dau în vileag pe plagiatori.

Vorbele rele de pe paginile scrise sunt ca ulii negri de pradă într-o liniştită zarişte.

Nerozia nu suportă liniştea.

În locul oastei învingătoare, am preferat-o pe cea câştigătoare.

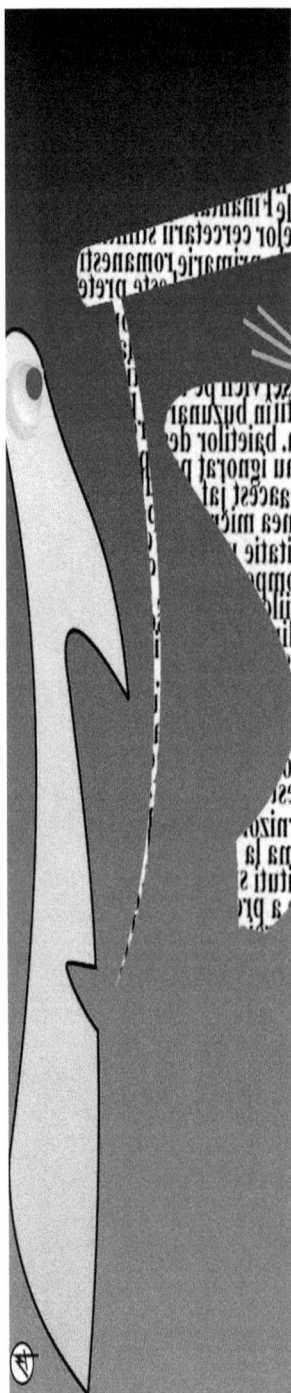

Diogene căuta un Om. Găsitu-l-a oare? Încă nu l-a aflat, se pare.

Câți ochi, câți oameni – atâtea întrebări.

Cine ştie, cine mai ține minte toate n e c u v i n t e l e?

Câtă vreme în mine nu cred, de i d e o l o g i mai uşor mă lepăd.

Pe cel ce de moarte se pregăteşte prezentul nu-l mai înveseleşte.

Să nu te crezi singur pe lume. De vrăjmaşi nici în mormânt nu scapi.

Pe ogorul arid pasiunile se înmulțesc tot mai abitir.

Pasiunea nu se lasă niciodată raționalizată.

Cel care se pripeşte ținta mai greu o nimereşte.

Cu sârg pregătită dorinţa ajunge mai repede la țintă.

Doar cu pasiune poți înaripa o acțiune.

Pasiunile înfocate sunt mai trainice; ele lasă şi cele mai adânci urme.

Vânturile reci nu sting pasiunile înflăcărate.

Pasiunea nu ştie ce-i lenea.

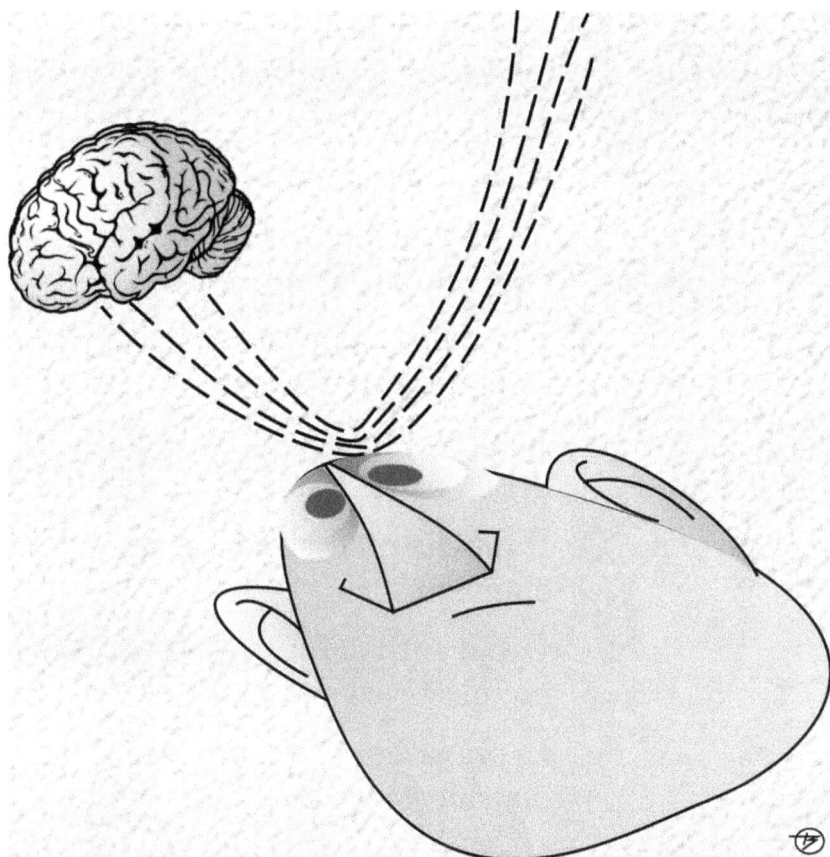

Nu cred că pasiunea înăbuşită e şi doborâtă.

Pe cerul înceţoşat văzut-ai oare orizonturi clare?

Între duşmani pacea nu poate dăinui; doar cea
    omniprezentă ar putea deveni veşnică.

Nu toţi făcătorii de pace sunt şi făcători de dreptate.

Cât de fericiţi am fi, dacă porumbeii păcii ar deveni
    mai longevivi!

N-ajunge unde vrea cel care tot timpul schimbă
    direcţia.

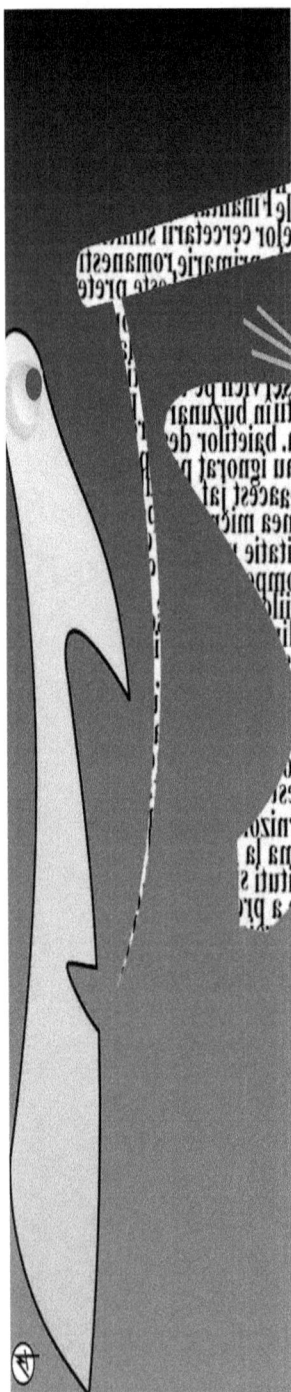

Ordinea în haos transformată pierzanie până la urmă înseamnă.

Orgoliile pe mulţi i-au îngropat: la propriu şi la figurat.

Pe mulţi îi dezonorează postura de optimist la comandă.

Perioadele optimiste sunt urmate de etape triste. Şi invers.

Speranţa-i mai aproape de optimist decât de pesimist.

Puţin din cei trişti s-au sculat optimişti.

Orbul ar trebui să te înveţe cum să-ţi preţuieşti vederea.

În prăpastie şi pe culmi omul e tot mai mic.

Cuvântul – pe care în picioare l-ai călcat – onoarea pe veci ţi-a întinat.

Printre oamenii distinşi găsiţi mulţi oameni de soartă înfrânţi.

Ideile identice ajung să îşi fie indiferente. Până la ură nu-i decât un pas.

Devin mai tari caracterele şlefuite de obstacole pe drum întâlnite.

Pâinea-i stăpân peste stăpâni! E în stare să deschidă atâtea guri!

De la perfectibil la perfect cine a găsit drumul cel drept?

Vrei să fii preţuit pe termen lung? Răspunde la orice preţuire cu măsura cuvenită, dar mai ales cu tonul potrivit.

Prejudecăţile stăpânilor sapă şanţuri în sufletele slugilor.

Din prejudecată în prejudecată păcătosul cade.... în baltă.

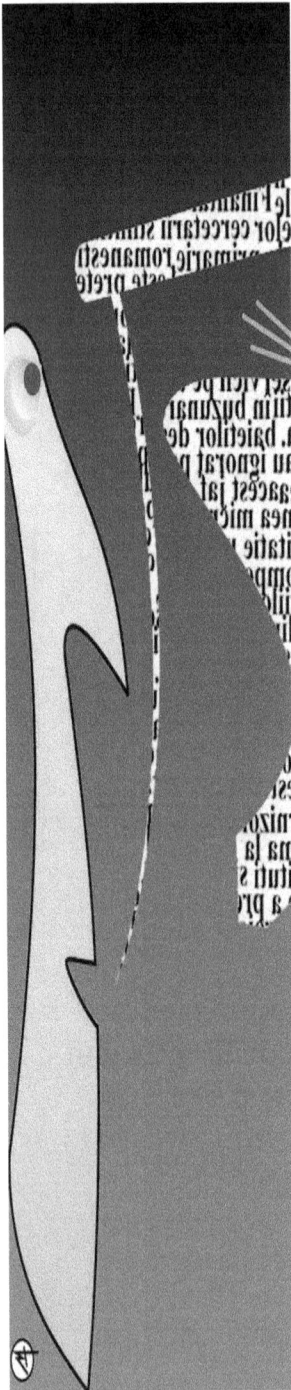

Poveţele didacticilor propovăduite în fiecare dimineaţă uşor se demonetizează.

Nu-mi vorbi de „legea lumină". De ieri s-a mai estompat. Altă eclipsă a urmat.

Ignorantul şi necuratul – fraţi de cruce şi de sânge.

Numai cel care se luptă aprig cu sine, o mare personalitate devine.

În arborele genealogic al pigmeilor în zadar urme de uriaşi căutaţi.

Pe vremuri de criză, mai toţi liderii intră-n derivă?

Plăceri rare – cheltuială mare!

Valoarea lucrului pierdut creşte chiar de la început.

Pilda neştiută să fie mai scumpă?

Poate avea vreun preţ pilda unui neînţelept?

Decât tovarăş cu un perfid mai preferabil e un suicid.

Nu toate pericolele ne deschid la timp pleoapele.

Cu aţa se poate tăia o mămăliga nu o stâncă.

Viaţa nu intră în preocupările suicidologilor.

Nu toţi cei care dau din mâini se şi echilibrează la timp.

Puţini ajung să surprindă cum iese miere din agurida.

De n-ar fi luat într-una în răspăr, prostul ar rămâne în postura de începător.

Ce şi cum dăruieşti, dovedeşte ce fel de om eşti.

Când răul cu răul se logodeşte nu ştii ce jiganie se zămisleşte.

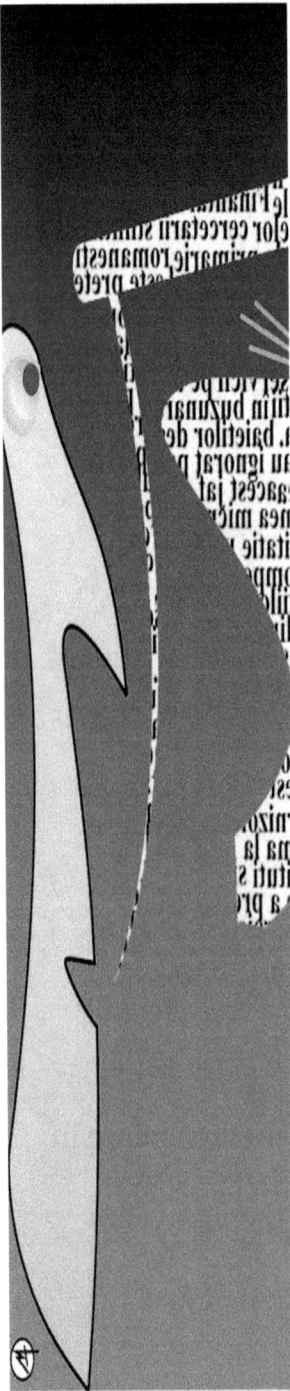

În plâns şi-n râs nu găseşti acelaşi tâlc.

Poeţii prefăcuţi nu sunt creatori ci scamatori.

Nu toţi cei care ajung să logodească cuvinte sunt poeţi.

Numai cunoscând trecutul, înţelegând prezentul şi scrutând viitorul vezi chipul întreg al Patriei.

Jefuind patria pe tine te jefuieşti.

Patriotismul – floarea care nu se lasă ofilită de nicio arşiţă.

Nu toţi cei care păcătuiesc mult se şi căiesc pe măsură.

Nu toate umbrele păcatelor sunt drepte.

Odată intrate în mormânt, oare şi păcatele mortului se ascund?

Ideile false n-au grade de comparaţie.

Nu-i cereţi minciunii să vă dea soluţii. Nici din greşeală nu vi le-ar putea da pe cele corecte.

„Democraţia originală" devine paradoxală: nu contează câţi votează – contează indicaţiile Bruxelles-ului şi verdictul Curţii Constituţionale,

cea din care – în majoritate – lipsesc judecătorii de profesie. (AD 2012, iulie)

Când te judeci singur, nu fi blând – ci dur.

Capcanele pot fi întinse şi pe căi bătătorite.

Nu orice ajutor îţi este şi de folos.

Proştii îşi caută prieteni pe măsura lor.

Nu-i b i r u i n ţ ă fără chibzuinţă.

Nu ştim cine poate îndura mai mult: trupul sau spiritul?

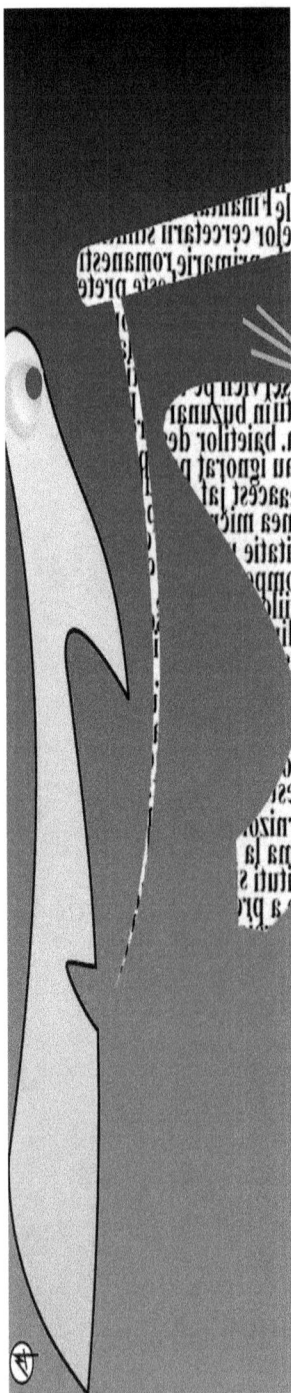

Poate fi partea leului parte a imparţialului?

Cel cu minte mai multă pe nimeni niciodată nu insultă.

Singurătatea îşi fereacă până şi inima?

Spaima doar prin hârtoape te poartă. Greu să ieşi cu ea în inimă la suprafaţă.

Era sigur de victorie şi-a fost învins de multe ori.

Pentru un credincios – inteligenţa este un dar dumnezeiesc.

Triumf fără luptă nu există.

Nestăpânirea este cel mai crud stăpân.

Cum nu-i stilist? S-a îmbrăcat doar în costum de manechin.

Iubirii îi place stima şi stimei iubirea.

Ca să ajungă la marele eşec unii sar din succes în succes.

Ascunzişurilor din suflete, doar Dumnezeu le ştie străfunzimile.

Patima stinsă devine cenuşă.

Îmbătrânită, prostia se solidifică.

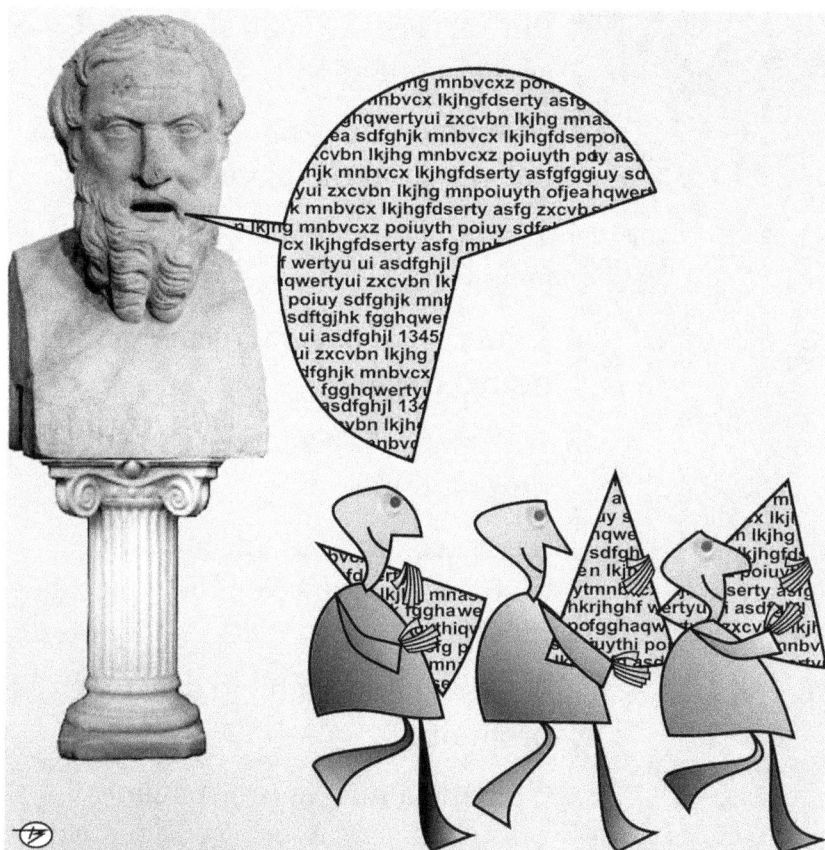

Proştilor mintea le merge nu doar pe sensul opus, ci chiar şi pe interzis.

La o parte! – Trece prostia!

Vârsta înaintată – boală de care nu toată lumea suferă.

Surprizele mari nu sunt cele aşteptate, ci acelea la care nu te aştepţi.

Când nu ştii nimic, sigur devii ridicol prin ceea ce îndrugi.

Proştii învaţă mai ales de la cei care nu ştiu mai nimic.

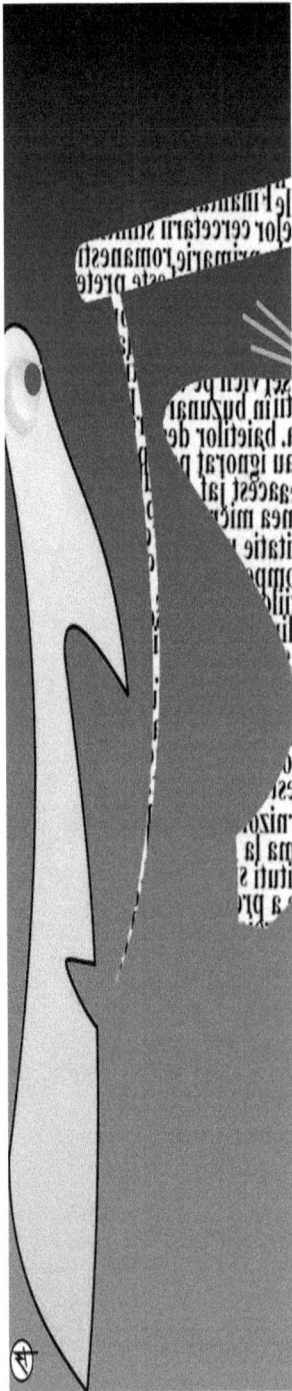

Nu-mi cere să-ţi dau şi timpul. Cu ce aş mai rămâne?

Mai nou, totul s-a înnoit: noi epoci, noi ameninţări, noi nenorociri.

Timpul nu pune doar punctul pe i, ci şi pe vieţi.

Caut ce mai poate fi recuperat din timpul trecut.

A dispărut? Tocmai dorea să dea timpului timp.

Tristeţea din afară, dacă nu te omoară, în inimă rămâne o piatră de moară.

Mai sănătos e să fugiţi decât să orbecăiţi.

Sălbăticia nu ştie ce-i religia.

În genunchi nu revendici nimic.

Umorul – degajare lejeră din constrângerile cotidianului strâmt.

Gluma şi adevărul sunt fraţi de cruce.

Veşnicie veşnică? – Cine a demonstrat că există?

Viaţa este un contract încheiat între părţi necunoscute: el poate expira oricând. Numai Dumnezeu îl prelungeşte când vrea el. Amin.

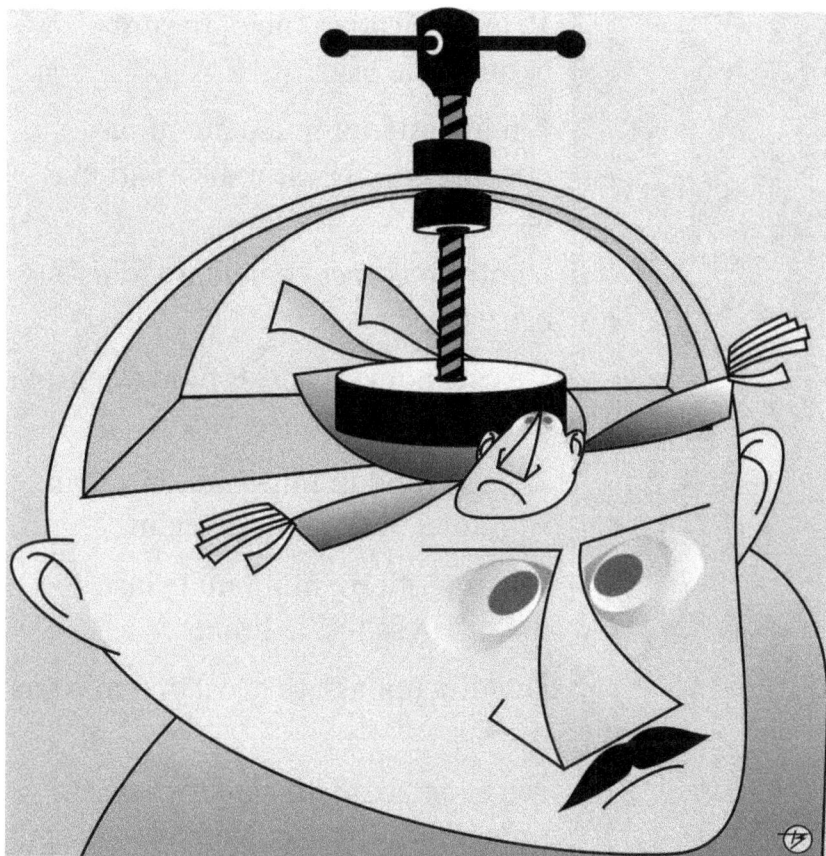

Cel care gândeşte, încheie finalul cu regrete.

Câtă înţelepciune la evrei. Pentru bătrâneţe, ca şi pentru fericire au acelaşi cuvânt.

Bătrâneţea – un privilegiu. Nu pentru toată lumea.

Fericire străbună! Să ţii un nepot de mână.

Nu oricine are capacitatea de a-şi folosi curajul pe cât şi-ar dori.

Uneori pedeapsa cu moartea poate fi mai uşoară decât pedeapsa de-a dăinui.

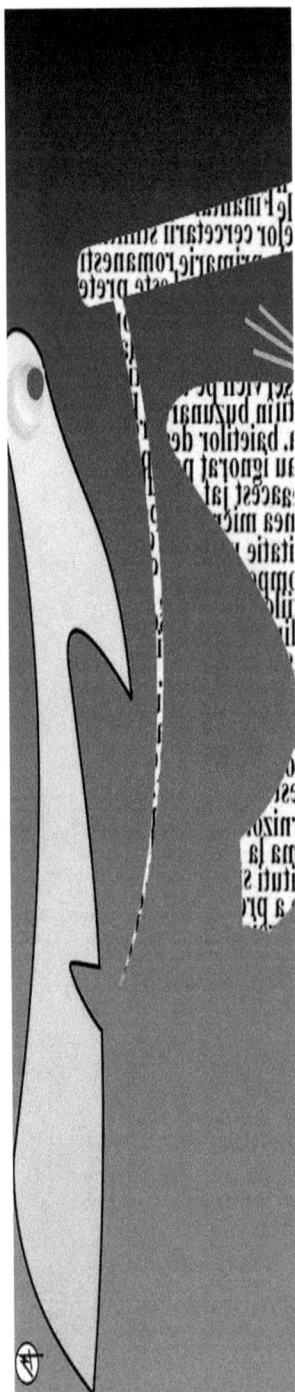

Primii călcaţi în picioare sunt oamenii de bază.

Nu intraţi în inima oamenilor necunoscuţi. Nu ştiu dacă veţi mai ieşi.

Pentru o corectă elucidare foloseşte orice cale.

Ce este adevărul? – E fundamentul pe care se reazemă cerul.

Înecaţi fiind în minciuni, în zadar căutăm adevărul: nu-l găsim.

Gloata înfierbântată nu te lasă niciodată să ieşi la liman.

În autocunoaştere şi cel mai mic pas e uriaş.

Nu există oameni sănătoşi, există numai indivizi neconsultaţi! – a spus un experimentat psihiatru.

Poate fi fericit. A îmbătrânit sănătos!

Găsesc drumuri noi, numai cei care le caută

Odată cu senectutea vine şi înţelepciunea.

Pentru înţelepţi bătrâneţea este un dar venerat.

Grăbeşte-te încet: nu oricine vede valoare în mişcare.

Din rău, chiar şi răul mic se naşte greu.

Din rău în rău se ajunge în hău.

N-aveţi nicio grijă. Cel care trebuia să se scufunde, se va scufunda.

Timp irosit – duşman de netăgăduit.

„A te afla în treabă" – săpatul propriei tale gropi înseamnă.

Nu toate gândurile se lasă îngropate în vorbe deşarte.

Credinţa învinge Imposibilul.

Cu răutate nu vindeci răutatea. Singurul leac pentru răutate e bunătatea.

Păsările cântă fără să cunoască gusturile ascultătorilor.

Doar sufletele înaripate pot ieşi din mormânt.

Doar cu Dumnezeu în suflet poţi ajunge bogat.

Ce suflet curat. Se poate juca şi cu fluturi.

Umorul este o vitamină. Definiţia aceasta a fost dată de un copil, nu de un filosof.

Cine nu umblă cu capul în nori, îl poate vedea pe Dumnezeu.

Nu întotdeauna îndrăzneala te duce la ţintă.

Culmea masochismului. Să îţi iroseşti viaţa urând.

Lacrimile vărsate în doi tămăduiesc mai uşor.

Numai din trecut se pot trage jaloanele pentru prezent.

Între moarte şi viaţă, cine nu alege viaţa?

Nici binele şi nici răul nu sunt veşnice.

Dacă în el însuşi nu crede, nu-i cere să creadă în altcineva.

Gândurile ascunse le-au întrecut pe cele spuse.

Nu toate vorbele noi le şi scot din circuit pe cele uzate.

Raţionalismul are şi el raţii pe măsura posibilului.

Noaptea nu ascunde toate gândurile. Atunci ce-am mai visa în cealaltă noapte?

Numai în zori biruim n o a p t e a.

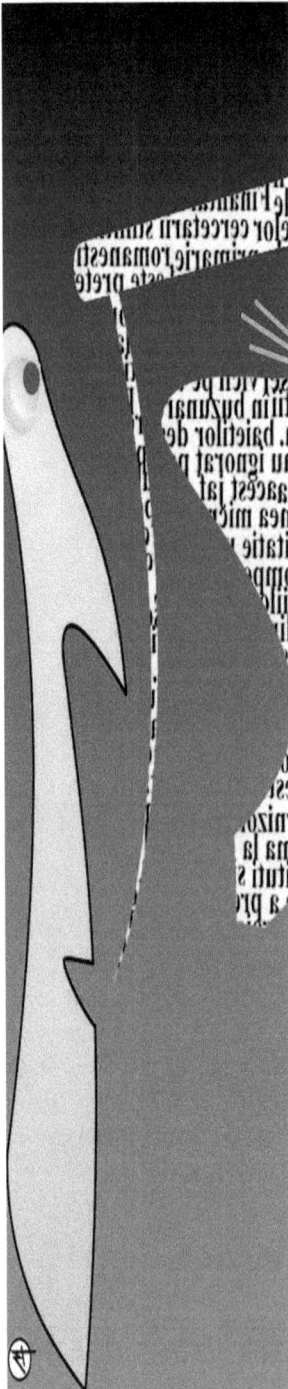

Vârful hulit nu-i uşor de doborât.

Până la urmă s-a constatat că mecanizarea a mărit productivitatea şi pentru gropari.

Nu orice proptea ţi-asigură echilibrul.

Sunt multe lucruri nevandabile scoase cu succes la vânzare.

De la cuvânt la tăcere poate fi nevoie şi de secole.

De la un n mic, nu cereţi nimic!

Binele poate fi cumpărat, trist că deseori el vă este luat!

Morţii rămân totuşi neînţeleşi.

Preşedintele este stăpân pentru că sute de slugi.

Nu orice m a r i n a r te scoate la liman.

În Corpul Diplomatic de azi, greu găsiţi diplomaţi.

Oricât s-ar înfoia zero e tot zero.

N-am văzut un zero, să devină 1.

Adevărul n-are rude. Adevărul adevărat, s-a născut şi moare vitreg şi sărac.

Unora doar veşniciile vremelnice le plac.

Nu toate comediile aplaudate la scenă deschisă sunt de toţi gustate.

Şi clasicii au numai o viaţă.

Îngustimea are şi ea limitele ei.

După război, amăgirile sunt infinit mai mari decât împlinirile.

Bâlbâiala dă în vileag greşeala.

Timpul mănâncă nu doar ce-i bun, dar şi ceva din ce-i rău.

N-ar fi rău ca soarta omului să rămână doar în grija filosofilor şi a teologilor. Alte bresle mai degrabă o degradează.

Ilegalitatea este mai vizibilă decât legalitatea.

A pus totul într-un sac şi nu l-a mai ridicat.

În mâna unora, deseori cârma devine bumerang.

Ajută-ţi inima să pompeze doar sânge curat.

Prefer să fiu legănat şi nu clătinat.

Deseori ţintele sunt doborâte şi din prostie.

Otrepele scoase la defilare tot otrepe rămân.

Doar limba ascultătoare devine câştigătoare.

Punctul de pe „i" poate şi lipsi.

Nu-i lunatec adevărat cel care n-ajunge măcar o dată pe lună.

Nu face din succes piedică.

Spiritul şi spirtul n-au nimic comun.

Poruncă pentru plagiatori: „nu furaţi cuvintele altora, puteţi intra în păcat".

Prăpăstiile sunt rude apropiate ale hăurilor şi abisurilor.

În aparenţe se ascund multe din adevărurile pe care le bănuiam dar nu le ştiam.

Cineva nu se vrea confundat cu Oricine. Nu şi invers.

Cel ce se înhamă să poarte prea mulţi indivizi în spate se poate şi cocoşa.

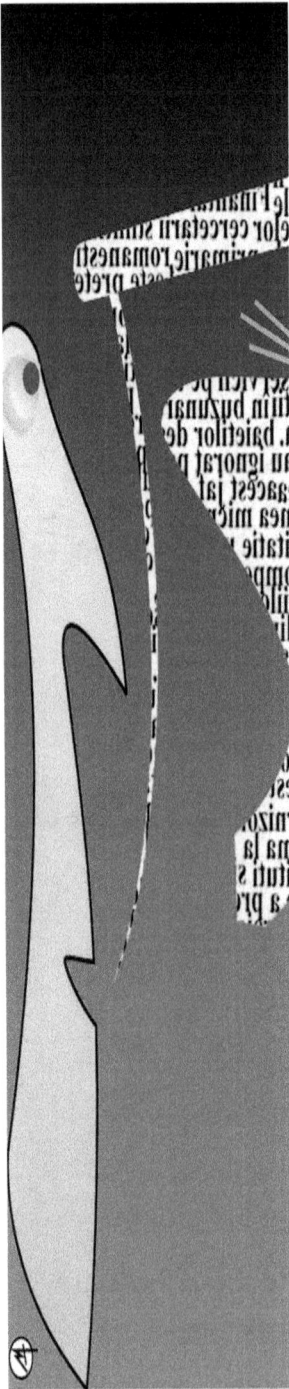

Nu întotdeauna istoricii falsifică istoria. Dar cel mai adesea ei o fac.

Cocoşul adevărat cântă până moare.

Adesea comedia se interferează cu tragedia.

Epitaf: Cel mai dulce somn e în pământul natal, străbun!

Cei răi, greu se lasă convinşi de puterea răului. Speranţa lor: să fie şi mai rău!

Prima care paralizează mintea e durerea.

Când lungimea timpului se face simţită, începe durerea.

Lasă stresul la uşă; când intri cu el în pat, îţi curmi din viaţă.

În „lumea multiplă" cum se trăieşte multiplu?

Iluzia fără încăpăţânare nu face nici două parale.

Mă întreb unde am fi ajuns azi, dacă Eva ar fi gustat din şarpe şi nu din măr?

Doar mintea calmă atinge mai repede ţinta.

Cine îndură ce nu poate duce, se îngroapă de viu.

Sub forţa presiunii ajungi mai puternic.

Nu amâna să faci ceea ce-ţi place pentru mai târziu.
Clipa de faţă este cea mai potrivită.

Dacă omul nu alege viaţa, viaţa-i cea care a îndrăznit
să-l aleagă.

Până şi timpul, ca să reuşească, are nevoie de timp.

Pentru mulţi dintre muritori, viaţa dreaptă a devenit o
rara avis.

Numai în viaţa se gândeşte la numărătoarea inversă.

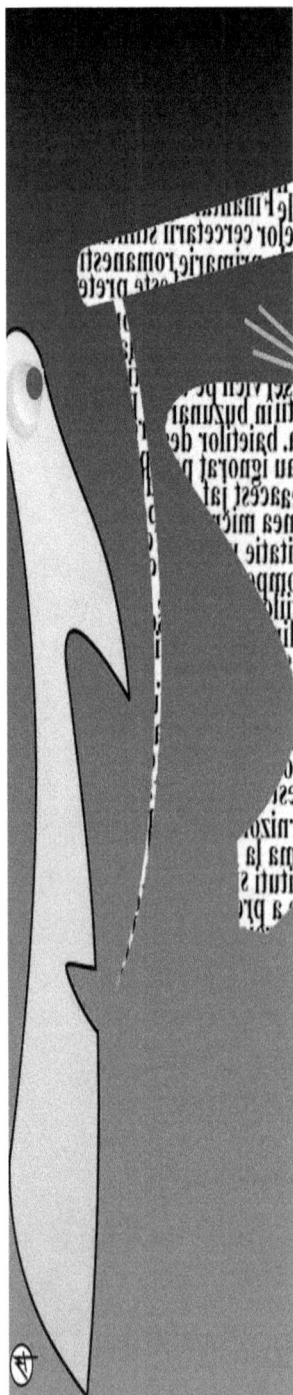

Cât timp mai crezi în minuni. Exişti.

Să creşti mare! Chiar toată viaţa?

Fructele victoriei nu sunt de mâncare, sunt pentru îmbărbătare.

Viaţă anostă – viaţa fără miracole.

O nouă răzbunare, sigur o mai mare greşeală.

Am văzut orbi jucându-se de-a baba oarba.

Marea Nesimţirii – n-are fruntarii.

Impresioniştii încă n-au inventat, dar nici n-au găsit toate culorile.

Se găsesc mături pentru orice gunoi.

Găsiţi mulţi desculţi care s-au perfecţionat şi-au biruit pe scena vieţii jucând.

În mormânt, taina devine şi mai tainică.

Nu toţi cei care au mâncat drojdie au crescut pe cât şi-au dorit.

Vântul e stăpân pe direcţia în care bate.

Pentru cel care vrea să se spânzure, cravata îi poate fi ştreang.

Taina din sunetele clopotelor n-a fost încă definită.

Decidenţi fiţi atenţi! Burta goală rumegă fiere.

În necredinţă să mai fie ceva credinţă?

Şi îndreptată bâlbâiala tot bâlbâială rămâne.

Tiranii care închid gurile cu pâine pot deveni
  binefăcători.

Fără cârmă greu duci barca la ţintă.

Se înmulţesc în progresie geometrică cei pentru care
  cuvântul onoare n-are nicio valoare.

Memorie slabă, mare pagubă!

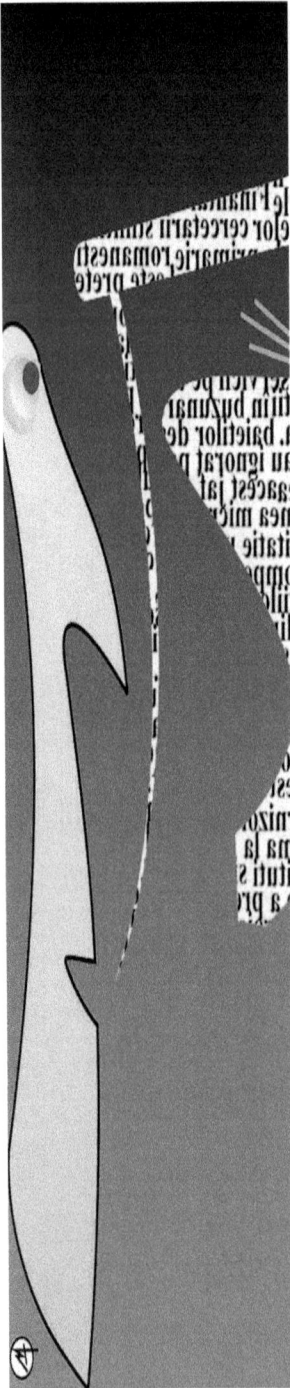

Nu aiurea, ci în noi, în creier, stă ascunsă lumea pe care o reprezentăm.

În mormânt îmi voi mai aminti că am trăit?

Am citit că tămâia a fost şi este considerată un leac. Oare şi tămâiatul?

Că sunt mari că sunt pitici, bestiile tot bestii rămân.

Umbra bănuieli poate cădea şi pe cel nevinovat.

Nu toate femeile v â n a t e sunt sălbatice.

Neconsolaţi rămân cei înecaţi în Marea Indiferenţei.

Meditează nu doar la ceea ce s-a spus, dar mai ales la ceea ce încă nu s-a spus.

De la făgăduială la amăgeală – un pas sau o întindere de braţ.

Nenorocirea şi necazul îţi alungă amicii.

Distanţa nestrăbătută rămâne necunoscută.

Cum gândeşte aşa este.

Nu toate ceasornicele dau ora exactă.

Drumul în marşarier îl faci cu mult mai greu.

Mai uşor cred în ce ai făcut decât în ceea ce ai spus.

În pantă e mai puţină siguranţă.

Doar pentru proşti zorzoanele au un rost.

Ai grijă ca durerea să nu-ţi spele inima.

Nu orice viteaz să fie sfânt a visat.

Nu oricine face din piedică trambulină.

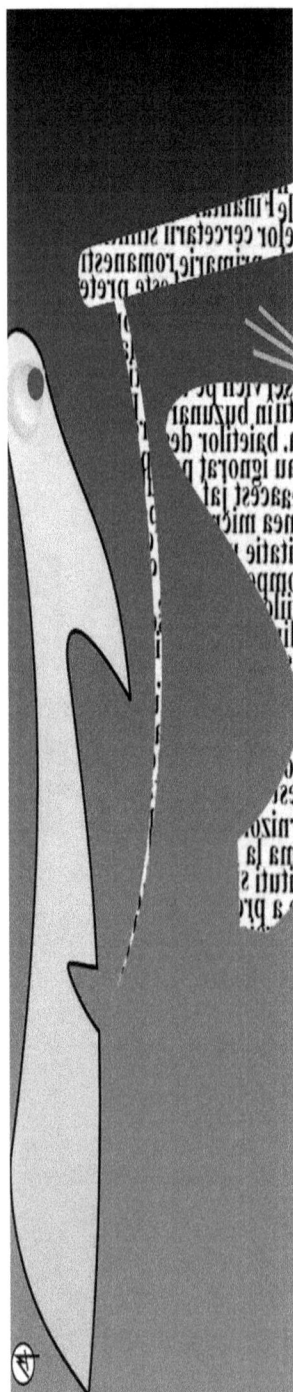

Mi-ar place să fiu sfânt, însă nu pentru mult timp.

Cu plictiseala în spinare să nu ieşi la plimbare.

Mult mai sigur vei fi în faţa taurului decât în faţa prostului.

Dacă realmente cunoşti ţinta, nu-ţi fie teamă. Vântul îţi va fi favorabil.

De proşti nu scapi. Ai grijă că le place să umble în haită.

Fără să ştim sau să simţim, totul se varsă în subconştient.

Binele şi răul dăinuie în conştiinţa noastră. Învinge cel mai tare.

Cu vorbe bune poţi modela orice fire.

Lumea sculptorului cu toate volumele, doar în creierul lui e .

Ce nu s-a născut, fii sigur: încă n-a murit.

Nimic nu-i al meu: a fost şi va fi al Celui de sus.

Cine se află într-un zbor perpetuu chiar nu-i din cale afară de fericit.

În lacrimi se ascund mulţumirile zorilor.

În voinţa liberă a omului cred în primul rând indivizii liberi.

Şi bunătatea şi răutatea sunt în puterea omului.

Răutatea din omul bun n-are margini.

Fricoşii nu cred în demnitate.

Nu întotdeauna liniştea şi pacea în puterea omului se află.

Umilinţa îndurată – moarte curată. A cugetului.

Binelui nu-i plac laudele.

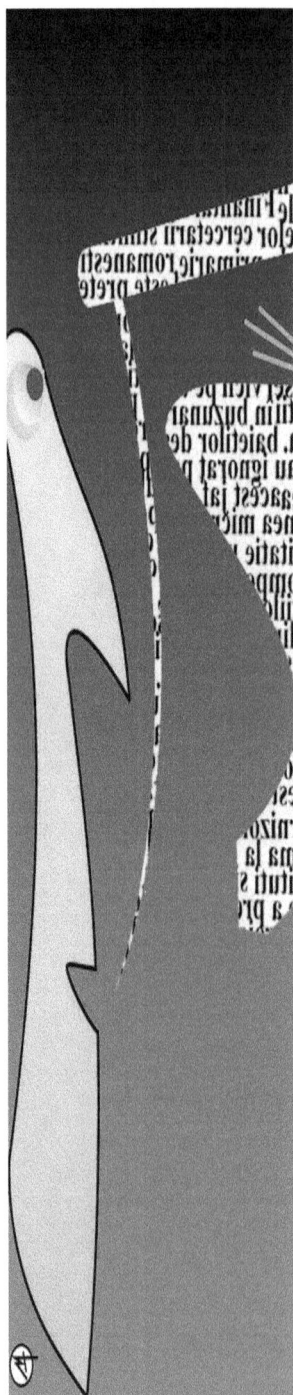

Uşile cerului nu orice păcătos le deschide.

În zadar se bruschează. Binele şi răul nu se echilibrează.

Preţul păcatului şi al bunătăţii nu sunt şi nu pot fi egale.

Cel mai greu de apărat este binele pe care vrăjmaşul vrea a ţi-l da.

În mod sigur inima-i cea care ne ţine verticali. Curajul mai rar.

Imaginaţia – cel mai generos cărăuş cunoscut vreodată. Oriunde gratis ne poartă,

Temerarii zboară şi fără aripi.

În doi dragostea mai uşor respiră.

La bunătate – ca şi la răutate – nu le şti marginea.

Doar prin iubire se dă vieţii plusvaloare.

Prietenia nu ştie ce-i distanţa.

Suferi că îmbătrâneşti? Nu te plânge – consolează-te! Încă trăieşti!

Timpul – liantul nemărginit dintre ieri, azi şi mâine.

Abreviere – ce cuvânt lung pentru cât ar vrea să exprime.

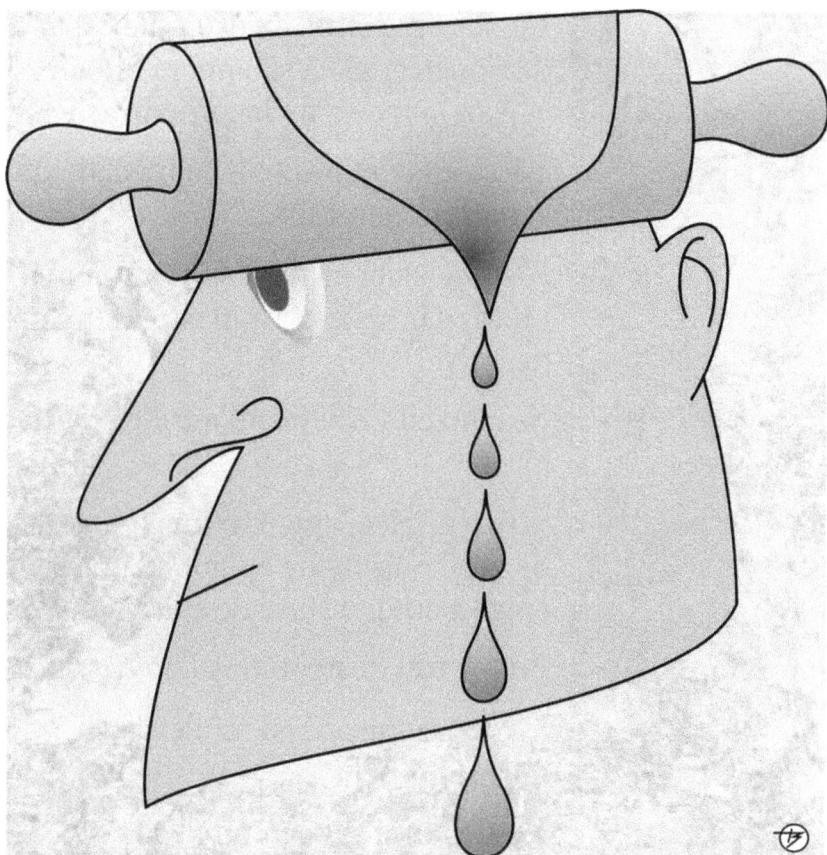

Precum odinioară ciuma, nonvaloarea molipseşte şi azi lumea.

Proştii căzuţi din cer nu-i credeţi c-ar fi deştepţi.

Nu sări gardul când poarta ţi-e deschisă?

Viermele tot vierme rămâne, oricât de adânc s-ar ascunde.

Învinşii simt pe propria piele ce lung e drumul de la biruinţă la victorie.

Nu toţi învingătorii sunt câştigători.

Istoria este plină de exemple care demonstrează că şi oameni fără de cap au ajuns să fie încoronaţi.

Existenţa are limitele ei; inexistenţa e doar nemărginită.

Mulţi clasici în viaţă sunt nu numai uitaţi, dar şi descrişi în superlative negative.

S-a dovedit că ateiştii au şi ei sfinţii lor.

Orice ar face, epigonii nu îşi pot depăşi condiţia de epigon. Să fie şi epigonismul o stare de spirit?

Nu pe toţi deşteptătorul ne trezeşte.

Nu toţi canibalii îşi înfulecă duşmanii.

Pentru unii avocaţi nonlegea e sfântă, nu spiritul legii.

Marele abis din abisuri mici a fost clădit.

Agnosticii s-au înmulţit ca ciupercile; s-au împânzit prin toate pieţele.

Înţeleptul fuge de tiran, nu ca minciuna stă la masă cu el.

Precedentul fără de precedent nu-i precedent.

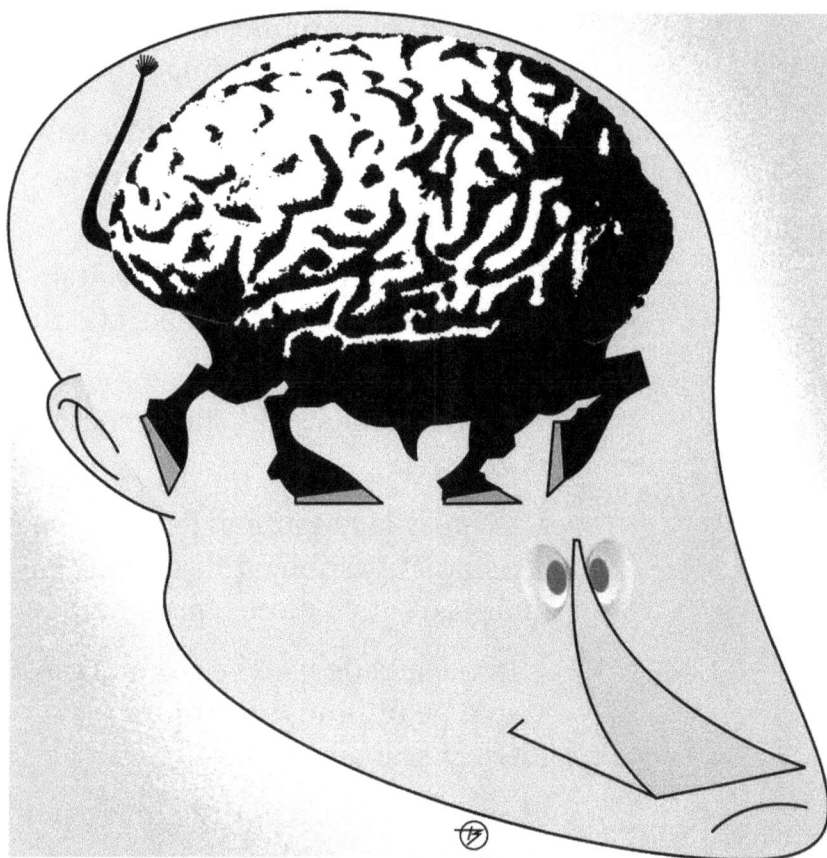

Pentru unii tirani, tirania devin un fapt divers.

Filosofi din toată lumea, la lucru! Au trecut milenii şi soarta omului nu-i încă definită.

După ce ies din spital, majoritatea pacienţilor preferă moartea naturală şi nu pe cea asistată.

S-a dovedit că atunci când doctorii intră în grevă rata mortalităţii scade.

Cel mai bun aliat al doctorilor rămâne pământul. El le-a ascuns şi le ascunde greşelile.

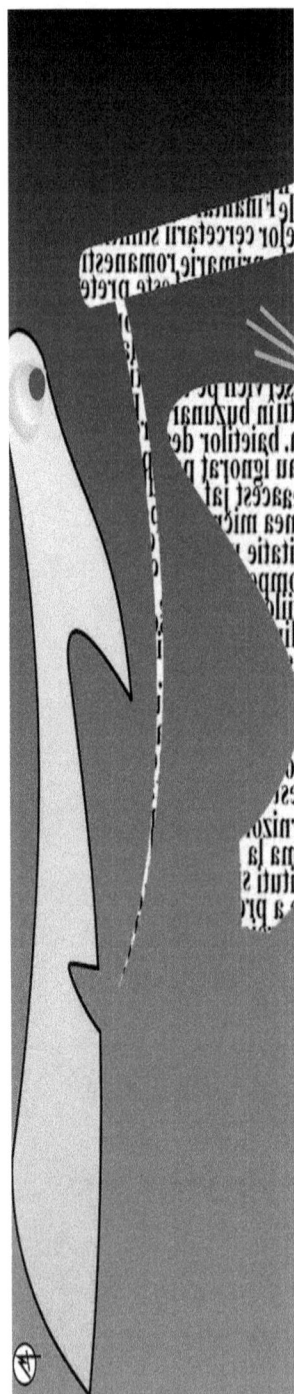

Doar cel care preţuieşte clipa ştie ce scumpă poate fi ziua. Ziua întreagă.

Puterea de-a vindeca trainic o are doar natura. Restul e şarlatanie şi minciună.

Punctul – semn că totul s-a sfârşit. Şi totuşi, de ce-i atât de mic, atât de înghesuit?

Timpul nu moare. El ştie necontenit să zboare.

Lasă-te călăuzit numai de bine. Doar aşa îţi plăteşti obligaţiile faţă de înaintaşi şi faţă de cei apropiaţi.

Ultima sută de metri e cea mai lungă etapă: pe ultimul drum ajungi să înţelegi mai bine totul.

N-are nume şi îşi doreşte un r e n u m e.

În rai plăcerea a cunoscut prima durerea.

Fii pom! Rodeşte până mori!

Ţara nu-i o gară; nici mică şi nici mare. E un brad, care creşte continuu verde şi drept. Omul e doar o părticică dintr-un pom. Şi moare odată cu el.

Tangoul ştie pe de rost dictonul: iubirea e numai în doi.

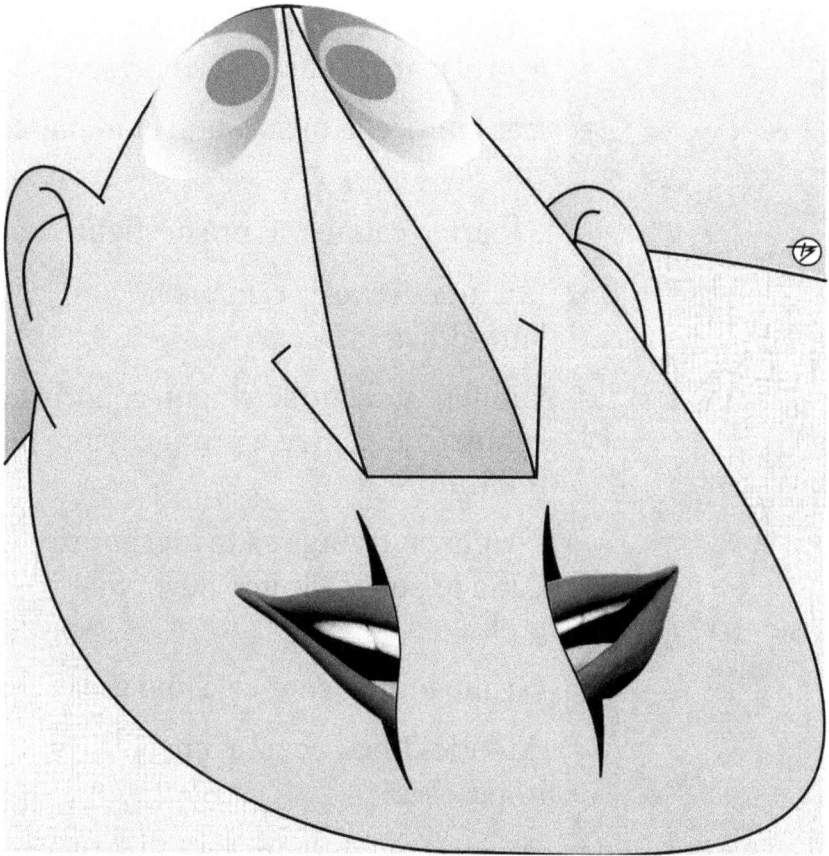

În zadar te zbaţi lumea s-o schimbi. Visul devine
realitate doar în vis!

Când nu mai e nimic de pierdut, poţi miza pe câştig?

Nu doar pe copii, ci pe toată Ţara, a aruncat-o Băse cu
scalda.

Nu regret nimic din ceea ce am făcut. Regret doar ceea
ce n-am făcut.

Ultimul capitol din viaţa atârnă cel mai greu.

Ai fost făcut să şi cazi! Ştiind asta, te ridici mai uşor.

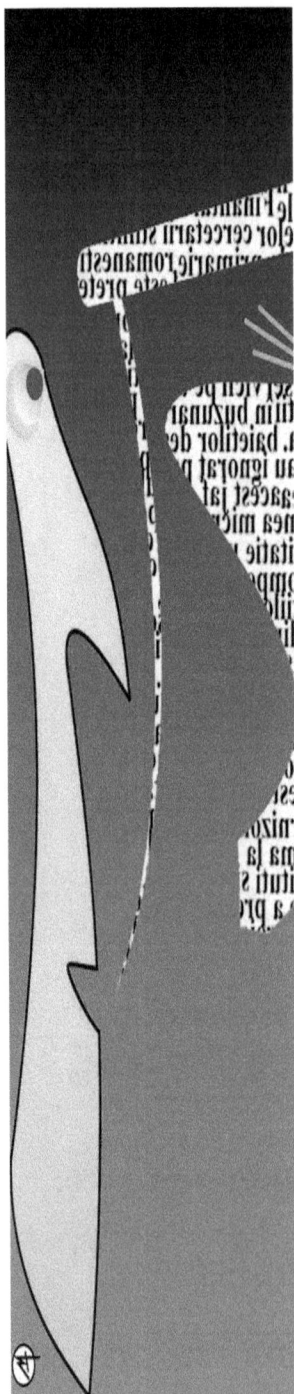

Să fi sincer cu tine însuţi nu-i deloc uşor. Doar cei curajoşi izbutesc.

Fără minge la picior, n-ai cum marca gol.

Moartea calmează, ura desfigurează.

Nu uita: iertarea rămâne la latitudinea ta.

Indiferent de unde vin, nu coborî standardul pentru a primi cuvinte de mulţumire.

Grijile nu trebuie să te îngrijoreze. Când le porţi la inimă devin mai grele.

Grijile inutile sunt cele mai grele.

Atenţie! Buba coaptă, puroi împroaşcă!

Apa trece. Cine rămâne? Prostul sau deşteptul?

Duşmănia vine de departe. Din socotelile nerezolvate.

N-a ştiut că pentru a cunoaşte adevărul curat se va alege cu capul spart.

Când b i n e l e şi r ă u l se ating, răul iese în câştig.

Norocul ţi-e dat, sârguinţa şi roadele tu ţi le adaugi.

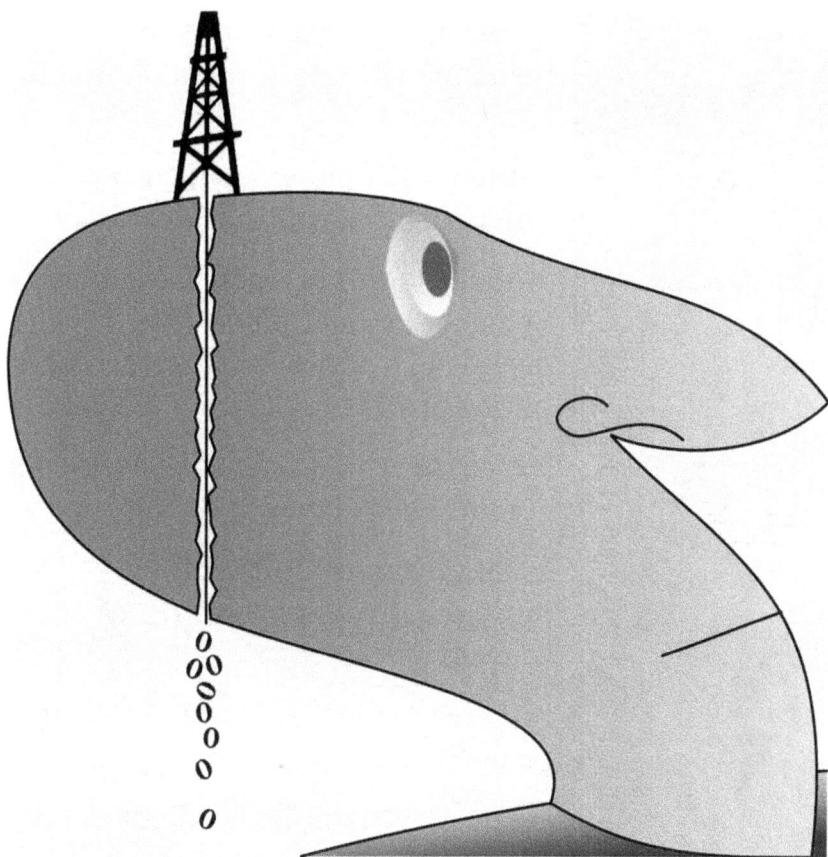

Te afli între tineri şi bătrâni; te simţi ca între câini?

Gândurile pe care nu le duci până la capăt, mor; fără să ştii, răstignite.

Doamne, în aceşti ultimi ani am ajuns ca până şi omenia să fie de doi bani!

Nu credeţi că-i dată peste cap lumea? – Tărâţa a ajuns mai scumpă ca făina.

Istoria arată trist, fără de tăgadă: d o m n i i cei haini sunt mai mulţi decât cei buni.

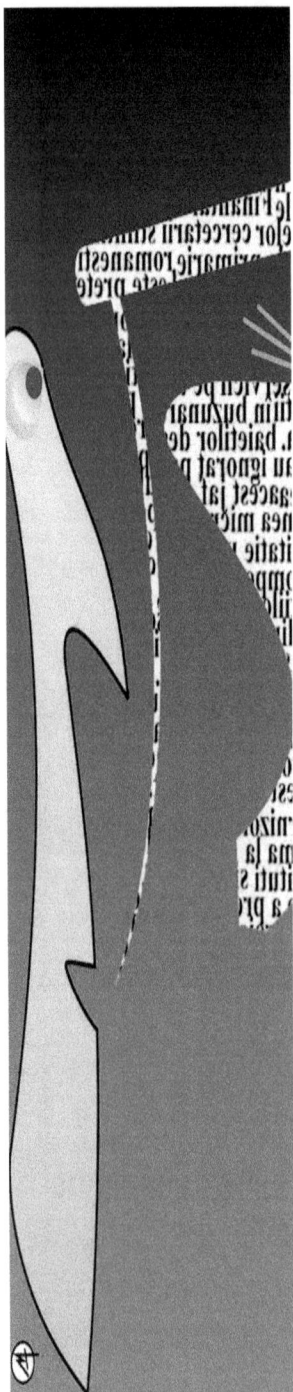

Doar pentru om a rămas înspăimântătoare securea. Pomul nu crede în ea.

Lumi inconfundabile, în perpetuă polarizare: boierimea şi ţigănimea.

Epitaf: Venit-am aici printre ai mei / Şi-aştept la judecata de apoi./ Oricât de lungă fi-va veşnicia,/ Rămân de-a pururi printre voi.

Se ştie de când lumea: dispare avuţia – gata şi cu prietenia.

Nebunii sunt îndrăgostiţi sau îndrăgostiţii sunt nebuni? Încă n-avem un răspuns.

Nu vrea s-audă? – Nu vă răzbunaţi pe urechi.

Se poate trăi din iluzii? Sigur că da! Ele au fost, sunt şi nu vor dispărea.

A ales ce-a vrut. N-a greşit, dacă singurătatea nu l-a părăsit.

Nu crede în şoaptele nimănui. Nici în şoapta diavolului, nici în a îngerului.

Tare mult mi-aş dori să ştiu ce secol va urma (dacă va mai urma!) după secolul acesta.

Nu doar pe morminte găsim însemne mortuare.

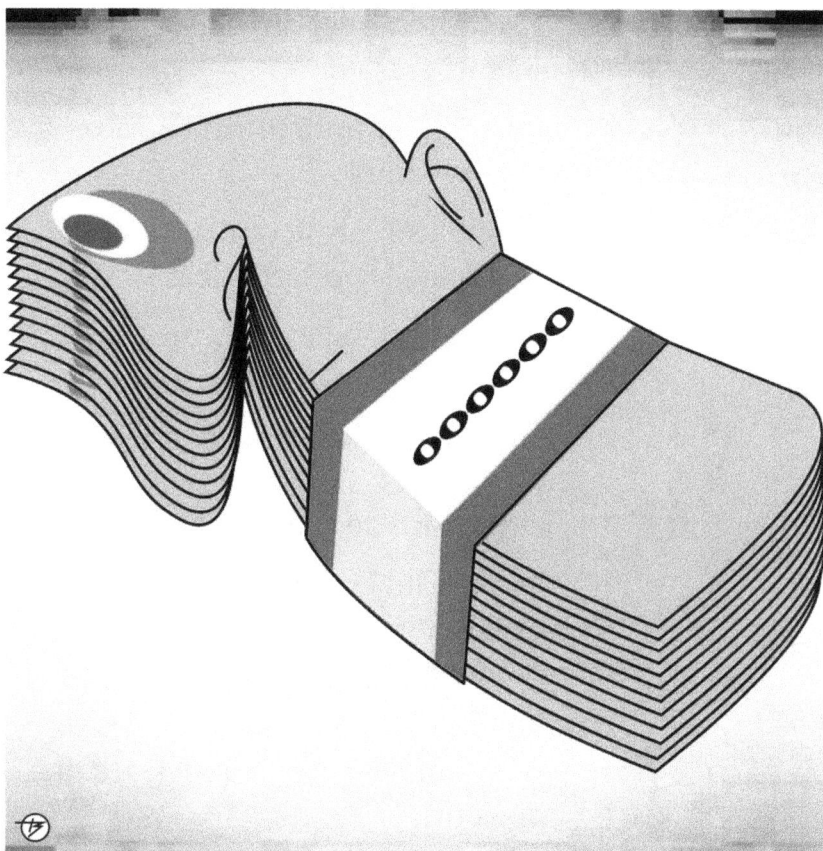

Dacă au devenit „buni duşmani", cu siguranţă se vor şi
înţelege.

Se despoaie! Ca să-şi arate sau să îşi ascundă faţa?

Cu premii substanţiale poţi închide multe guri.

Liderul înrăit preferă pasul greşit.

Nu ştiu în ce să mai cred? În lacrimile pesimistului sau
în cele ale optimistului.

Erudiţia – niciodată nu strică. Umple golurile vechi,
dar şi pe cele noi.

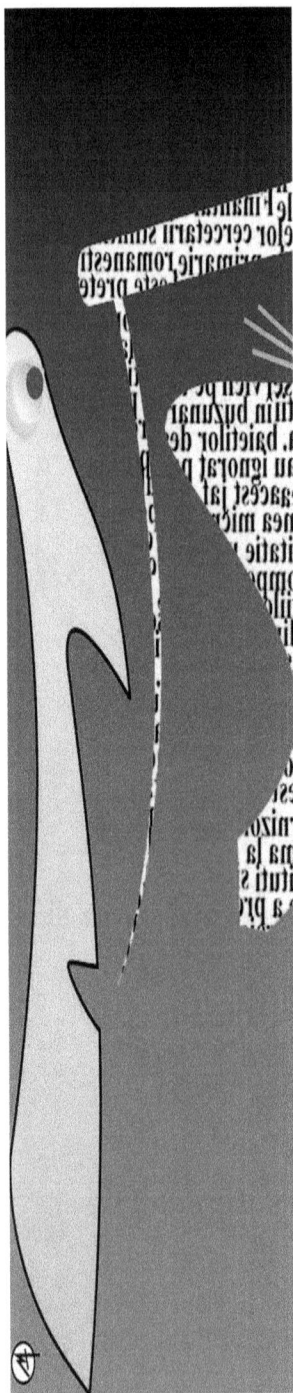

Preţuiţi-i pe cei care îşi descoperă singuri greşelile.

Opera adevărată înfruntă orice (pre)judecată.

Hamlet se (pre)face pentru că şi umbrele se (pre)schimbă.

Istoria, în felul ei, a conservat până şi sângele vărsat.

Înainte de toate vinul e fericire şi sănătate. O spun mai mult viticultorii decât consumatorii.

Mă rog lui Dumnezeu ca zilele să nu-mi fie numărate de statisticieni, ca om, cu siguranţă, voi ieşi în pierdere.

Minunii nu-i place să se nască de două ori.

Descoperitorul cusururilor n-a fost niciodată apreciat pe măsură.

Pentru cel care va descoperi „moartea în rate", foarte probabil, un american, premiul nu va o fi răsplată pe măsură.

Permanenţe: şi ţiganii de modă nouă fură cloşca de pe ouă.

Ce forţă a împins la poli diferiţi: boierimea şi ţigănimea?

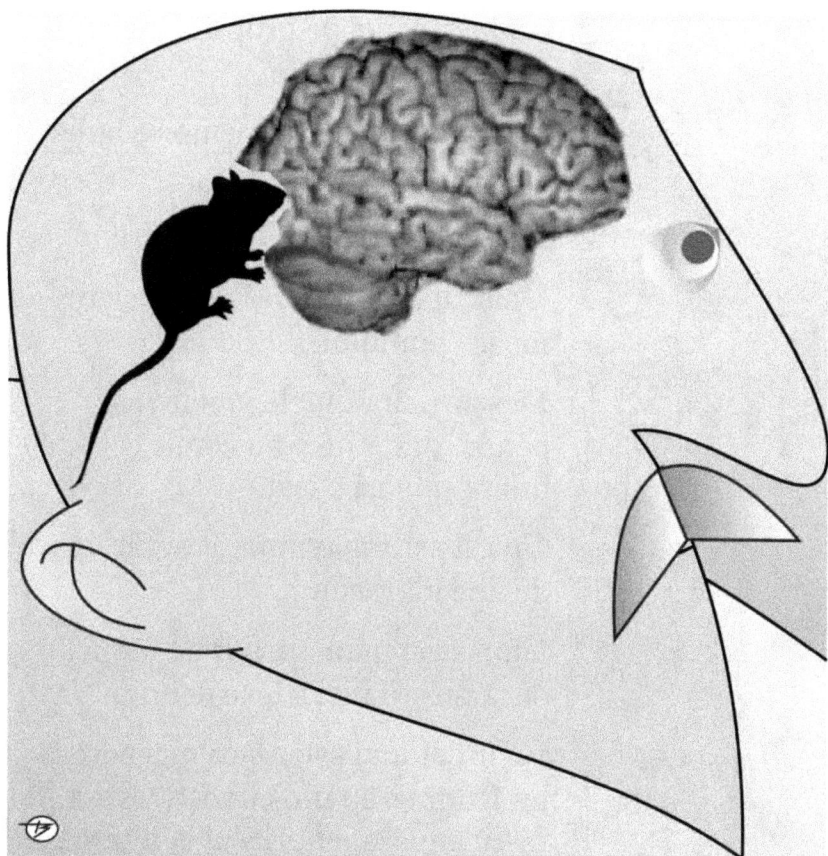

Fericirea n-aude chemări nepotrivite.

Cuvintele fără acoperire sunt născute moarte.

Câţi oameni tot atâtea fericiri.

Fereşte-te de o prea mare apropiere. Te poţi sufoca.

Zeilor mici să nu le pese că-s dispreţuiţi?

Am încercat, dar nu reuşesc, nici măcar „zile de rezervă" să-mi păstrez.

Nerăbdarea nu-i stăpână nici pe propria-i răbdare.

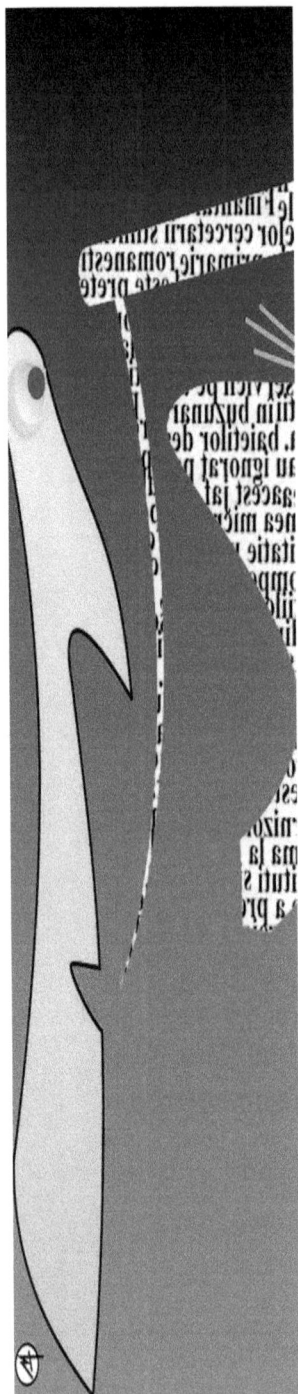

Cadavrul nici pe propriul ucigaş nu şi-l mai recunoaşte.

Fericiţi cei care au memorie bună. Pot uita multe.

Nu toţi imparţialii judecă drept.

Oaia cu lână de aur în mod sigur moare jumulită.

Deseori, în numele omeniei şi pentru dreptate s-au comis cele mai multe şi mari păcate.

Cu cât scrii mai mult, cu-atât tiparul devine mai scump.

Cum să spui lucrurilor pe nume, dacă nu ştii nici a le le denumi?

Ce preot mai eşti, dacă nici adresa lui Dumnezeu n-o cunoşti? – s-a răstit supărat enoriaşul la ierarh.

Realitatea nu prea se sinchiseşte nici când îi întorci spatele.

Zdrahonilor le este suficientă forţa, tactul pentru ei este un moft.

Întărâtat, câinele rău devine de nesuportat.

Marea Nepăsărilor a ajuns Marea Nepăsării Nemărginite.

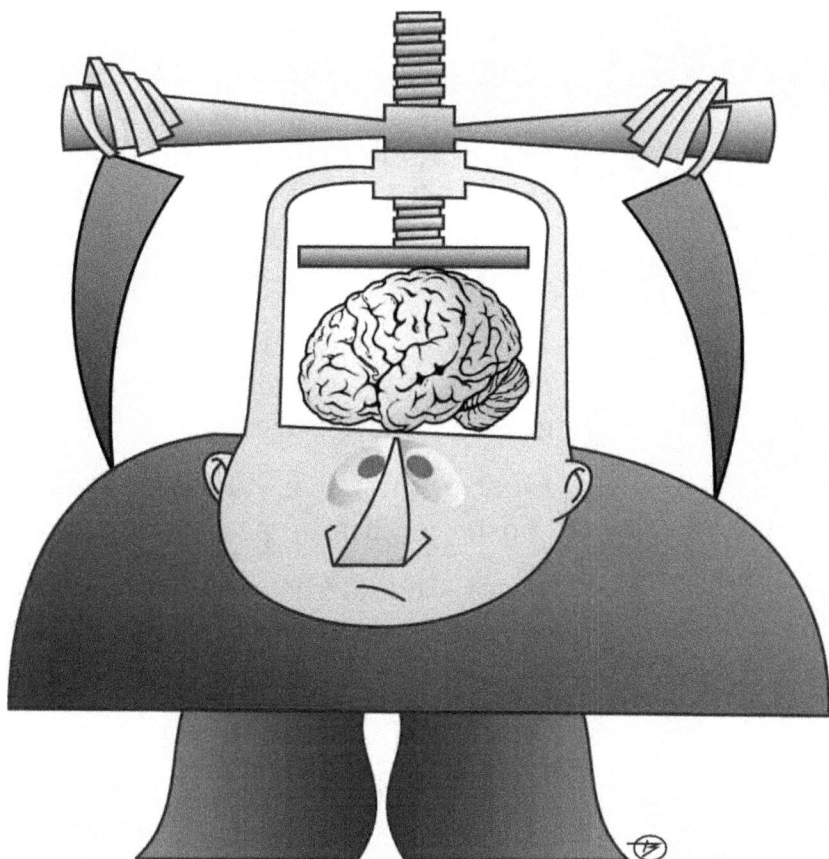

Negaţia de pe orizontală nu se va întâlni niciodată cu prostia de pe verticală.

Ca să se manifeste, injustiţia se bazează pe sus-puşi. Numai ei o sprijină ab initio pentru a-şi atinge scopurile lor înguste.

Unii văd numai măştile de pe faţă. Pe cele din spate le intuim numai.

Nu-i văietaţi pe cei perfizi; ei vor găsi din ce trăi.

E bine că n-ai mai spus nimic. Prostiile nu pot fi repetate la infinit!

Eşti mai tânăr când eşti bătrân, nu poate să o spună oricine. O afirmă doar o persoana în plină activitate: actorul Radu Beligan, care şi-a sărbătorit a 96-a aniversare pe scenă, în ianuarie 2014. Dă-i Doamne sănătate!

Dacă începi ziua cu: *Îţi mulţumesc, Doamne!,* şi o termini cu acelaşi gând, n-ai trăit degeaba.

Doar cu mintea şi – în minte – ne construim drumul pe care mergem.

Amor – o maladie inexplicabilă pentru cei sănătoşi.

Cu cât sunt mai mari laudele din timpul vieţii, cu-atât uitarea e mai profundă.

Dacă cinstea nu-ţi intră şi nu ţi-a intrat în sânge, înseamnă că nu o ai.

Nu tot ce preferă sau venerează vecinul e şi pe gustul meu.

Necinste – no honor înseamnă!

Nu lipsurile de tot felul ne doboară, ci lipsa unor veritabili cetăţeni români.

Nu bărbaţii adevăraţi, ci cerbii sunt mândri că sunt încornoraţi.

Infidelitate – joc ascuns la două sau mai multe capete.

Ne învârtim prin timp, precum pământul în jurul soarelui.

Se află în treabă cei care n-au treabă... sau despre un mod de viaţă la români.

Având în vedere preocupările lor, pentru atei dumnezeu chiar există.

Pe măsură ce îmbătrâneşti, frica de moarte scade.

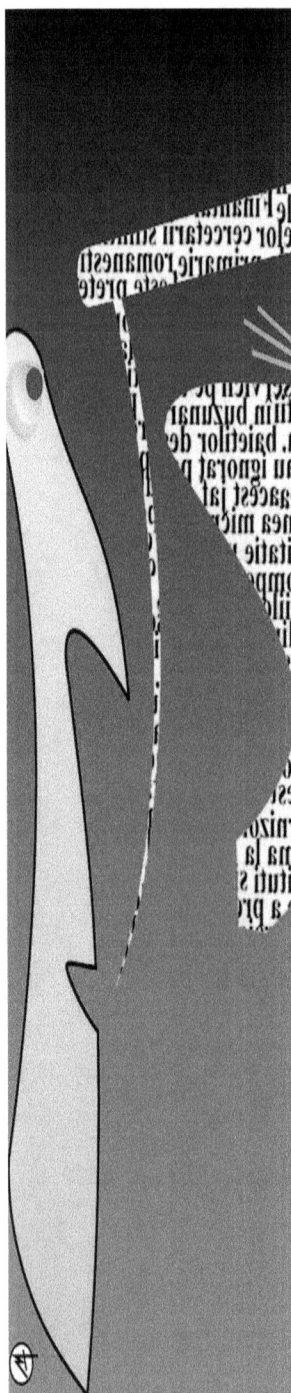

Şi „vindecată" – cangrena sapă.
Urmele ei însă rămân toată viaţa.

Nu resuscita răul, devine şi mai rău.

Egalitatea perfectă e la doi metri sub
pământ: în groapă. La suprafaţă,
neghiobia şi înţelepciunea nu pot fi
egale.

Pedeapsa care înjoseşte, înrăieşte!

Înţelepţi sunt doar apostolii şi
preoţii care ştiu să tacă.

Gloata tulburată, revoltă înseamnă.

Eşafodul i-a plăcut, de eşafod a
murit.

Omul pândit cu greu poate fi
îmblânzit.

Lipsa bunătăţii e precum lipsa de
lumină. În jur tot mai obscur.

Căutarea nu-i în zadar. Potrivirile şi
din (ne)potriviri se nasc.

Moartea îţi poate scoate numele la
lumină sau ţi-l îngroapă pe veci.

Fiecare copilărie cu inocenţa ei ei o
valoare perenă e. Păcat că abia la
bătrâneţe ajungem la această
concluzie.

Virginitatea e ocrotită de sora ei:
Pudoarea.

Aţi văzut melci evadaţi din casă?

Sus-pusul, odată ajuns sus, îşi arată cu vârf şi îndesat chipul.

N-a dat cu piatra, doar a înjurat. A arătat cât e de civilizat!

Trage linie şi vei vedea: ignoranţa e mult mai scumpă decât educaţia.

Când ai de-a face cu proşti, e preferabil să faci pe prostul. Vei fi mai bine înţeles, apreciat sau chiar răsplătit.

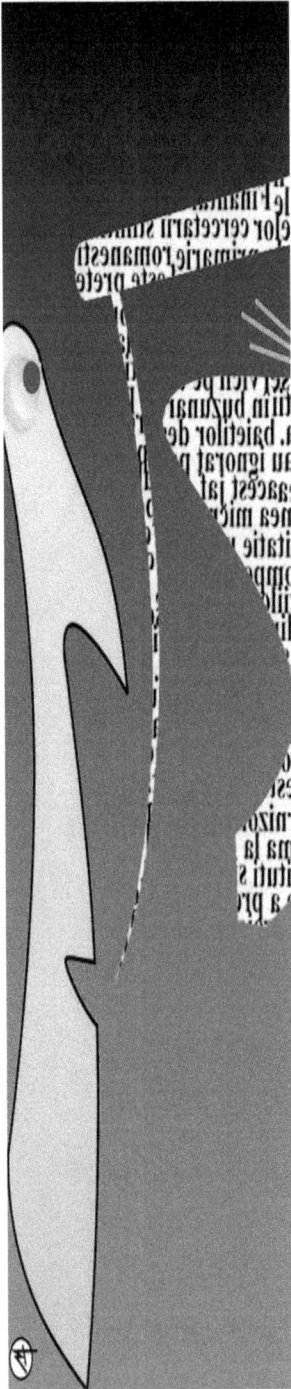

E nevoie de înţelepciune pentru a prinde l a t i m p momentul potrivit.

Dacă viitorul – speranţă ar însemna, în nimic altceva n-aş mai crede. Se pare însă că nu-i mereu aşa...

A măsurat oare cineva calea de la nimic la nimicnicie? Nu-l ştiu încă pe acela.

De când au început să îşi înzecească idealurile, idealiştii au devenit mai periculoşi.

Cine mai crede în valoarea speranţelor; ce să mai spun de cele pierdute?

Luaţi aminte: analfabeţii nu semnează, ci doar dictează!

Cercurile de influenţă acţionează ca nişte magneţi care atrag doar lumea lor. O lume străină pentru mine. De aceea nu mă atrag.

Amenzile şi impozitele – fraţii gemeni – nu de azi – puşi pe jaf.

Când adversarii mei au început să mă roadă s-au lăsat imediat de ros. S-au convins că mădularele mele sunt prea tari pentru ei.

Se spune că pentru canibali toţi oamenii sunt buni. Din cauză că au acelaşi gust.

Serviciile de ascultare au încetat să mai cumpere aparate de ascultat! Numărul aparatelor a întrecut cu mult pe al celor ascultaţi.

Nu staţi în faţă. Viaţa vă este mult mai periclitată.

Fără gardieni, cu siguranţă arta ar fi ajuns pe cale de dispariţie.

Fiind oarbă, justiţia în mod cert bâjbâie. Are soarta celor legaţi la ochi din naştere.

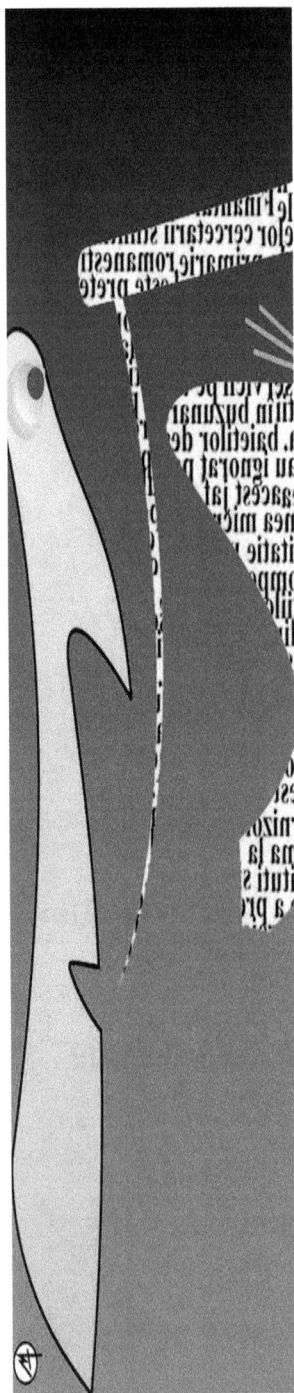

Raportul de forţe calculat iniţial a fost depăşit. Şi-n revoluţie lumea s-a trezit.

În orice revoluţie materialele de referinţă se inflamează. Şi rămân aprinse.

Libertatea convingerilor – lucru insuportabil pentru tirani.

Nu spuneţi bancuri nebunilor. Există şansa să le pună în aplicare.

Cei care nu te lasă să râzi, nu le place nici să plângi.

N-aş vrea să mă (re)văd încondeiat în amintirile unor prieteni.

Şi cu fundul gol, regele-i rege. Dar imaginea, imaginea cum şi-o mai drege?

Feriţi-vă! În apele murdare sunt mulţi curenţi din care nu se mai iese la suprafaţă.

Pentru nimicnicie cel mai bun culcuş se asigură în coşciug.

Cărând idealurile altora pe drum le pierzi pe-ale tale.

Masca Justiţiei e purtată deseori doar de impostori.

Protestele sunt „pro"; dar nu lipsesc cele „antipro".

A pus totul într-un sac şi nu l-a mai ridicat.

Nu tot ce-a fost gândit, a fost şi scris.

În accepţiunea mea, prea mulţi dintre scriitorii intraductibili au fost transpuşi de falşi traducători.

Pe oamenii fără gust nici canibalii nu-i vor.

Au început să cadă capete. Gândeşte-te cum să-l porţi în siguranţă, pe umeri, pe al tău.

Ar fi bine pentru toată lumea, de-ar fi redusă la maximum îngustimea.

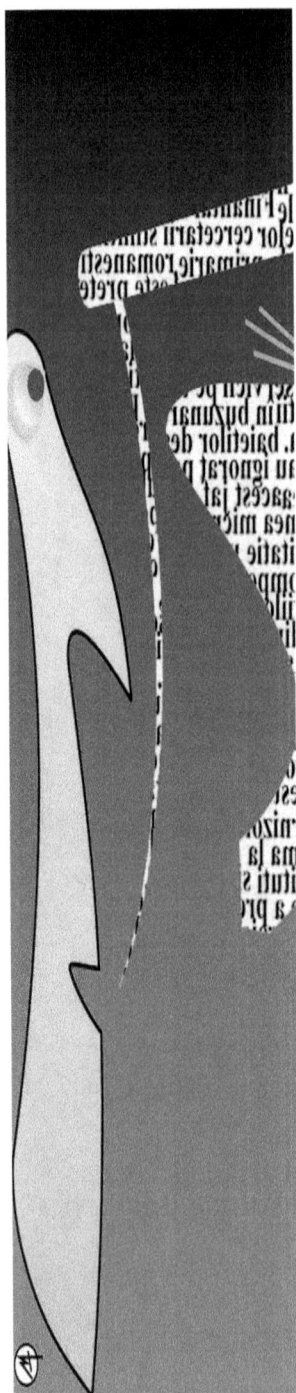

În funcţie de situaţie, bâlbâiala găseşte forme adecvate de exprimare.

Când nu ştii viaţa să ţi-o trăieşti, în zadar cu ea te mai chinuieşti.

Statistic s-a dovedit că norocul favorizează mai mult pe norocoşi şi nu pe curajoşi. Ce premoniţie în proverbul – prost să fii...

Calea de mijloc e o alegere bună, dar nu toţi ştiu să ajungă la ea, şi – pe ea – la ţintă.

A da la timp, înseamnă că darul îl dai înzecit.

Fereşte-te! Favorurile acceptate îţi pot răpi din libertate.

Nu o dată omul nu-i măsura lucrurilor, ci a obiceiurilor.

Draga mea obişnuinţă – atât de mult te-am folosit că indispensabilă mi-ai devenit.

Cu moartea ne contrăm în zadar. Nimeni n-a învins-o!

Înţeleptul nu ştie ce-i supărarea.

În primul rând ţările corupte sunt cele care se laudă cu legi multe.

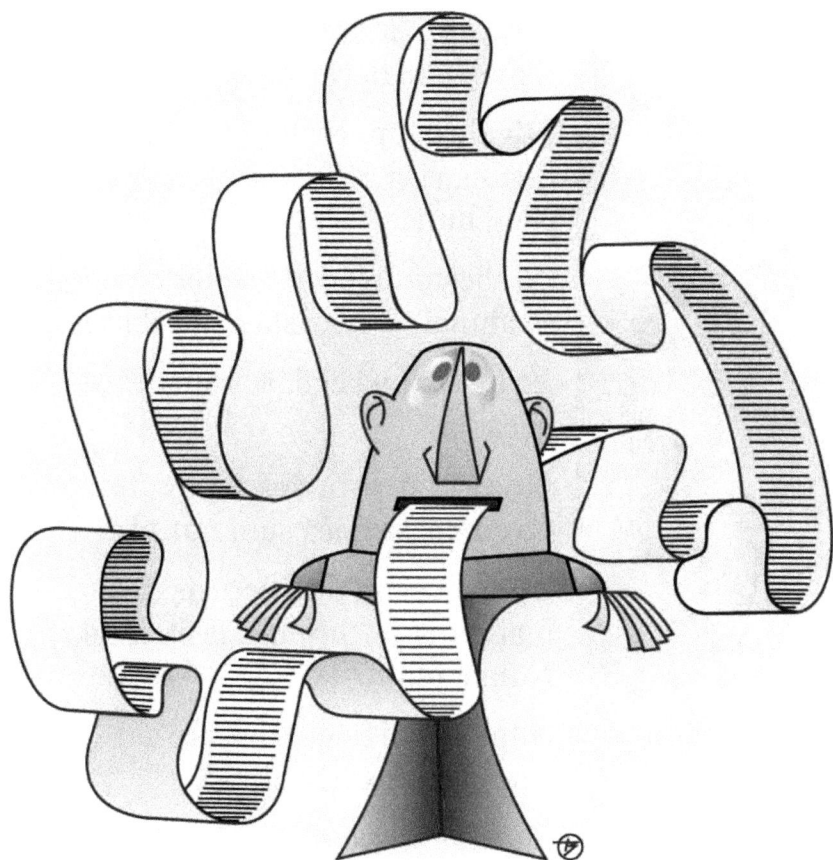

N-am găsit explicaţia la nu cunosc, şi nici demonstraţia la, cum s-a produs: creatio ex nihilo!

Dacă nu sunt furaţi, la propriu şi la figurat, oamenii de aur sunt grabnic îndepărtaţi.

Pentru unii poate fi o reuşită maimuţăreala lor de maimuţă.

Printre meseriile veşnice cea de gropar ocupă, de departe, loc de frunte.

„**P**oimâine" poate deveni mai cert ca „mâine"?

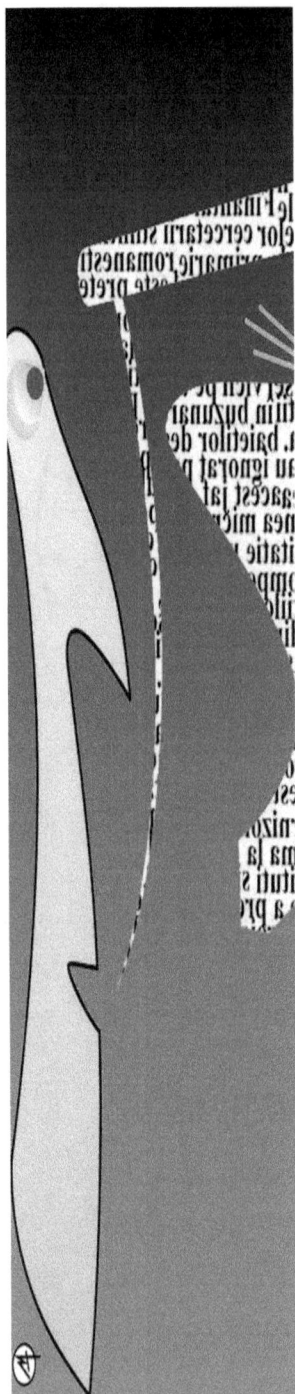

Degeaba „Marele Nimic" se crede a fi mai ceva decât „micul nimic".

Divide et impera! – nu este doar un dicton, ci şi acţiune cu vechime de când lumea.

Grăbeşte-te încet! Depinde unde vrei să ajungi? – Aceasta e întrebarea.

Et in Arcadia ego. Dar mai există Arcadia?

Norocul îi favorizează pe cutezători! Ce contează dacă sunt puţini?

Spune Lec că din încrucişarea maimuţei cu timpul a ieşit omul. Numai omul?

Sunt puţini poeţii în stare să exprime inexprimabilul.

Dacă sunt greşeli nu-i greu de găsit şi ţapii ispăşitori.

S-a dovedit a fi o minciună credinţa unora că gestul lui Pillat ar fi fost curat.

Punct ucis. Vai, ce crud! S-a împiedicat într-un punct.

S-au dovedit a fi mai cruzi tiranii care spuneau că detestă tirania.

Neprofesioniştii n-au niciun chef să se confeseze despre profesia lor.

Eşti viu? Încetează să te uiţi în ochii morţii!

Unii actori şi-ar dori ca sicriul să le fie confecţionat din podelele noilor scene.

Şi din negândire s-au plămădit gânduri. Dar nu cele mai bune.

Ţipetele din codru n-au ecoul celor din piaţă.

Sunt întrebat dacă criticii literari trăiesc pe spatele scriitorilor. Mai mult ca sigur nu, mai ales că pe vreme de criză, nici unii nici alţii n-au bani.

A scuipat, fără să fi spus ceva. Să-i fi fost acesta răspunsul?

Satiricii ştiu cel mai bine ce-i ironia, cunosc mai puţin cât de dureroasă este.

Antipateticii pot fi şi antipatici, dar şi invers.

Cel întins (doborât) la pământ e scutit de-a mai face şi plecăciuni.

Piticii ajung primii la podea.

După ce se tocesc, cuvintele nu se mai bucură de respect.

De mic prefer steagurile roşii, pe cele cenuşii le-am considerat a fi cârpe.

Prin tăcere anihilezi mai bine aluzia. Chiar şi pe cea cusută cu aţă albă.

Mulţi aşteaptă în zadar...Mintea de pe urmă nu le mai vine la cap.

Când se înmulţesc, proştii nu devin mai proşti; per total sunt însă mai periculoşi.

Când cedezi, adversarul jubilează. Tot de tine depinde – cât timp...

A spart gândul pentru a se exprima liber.

Unii se dau în vânt şi după note false.

Ce succes! Acum nu mai mori când vrea moartea, mori când te scoate medicul de la aparate.

Scriitorii zgomotoşi pun preţ pe vocea personajelor nu a operei.

Multe din poemele scrise cu sânge la tinereţe se decolorează la bătrâneţe.

Cei care gândesc neîncetat mor şi obosiţi şi uitaţi.

Doar un cutremur mare dă jos şi din verticale.

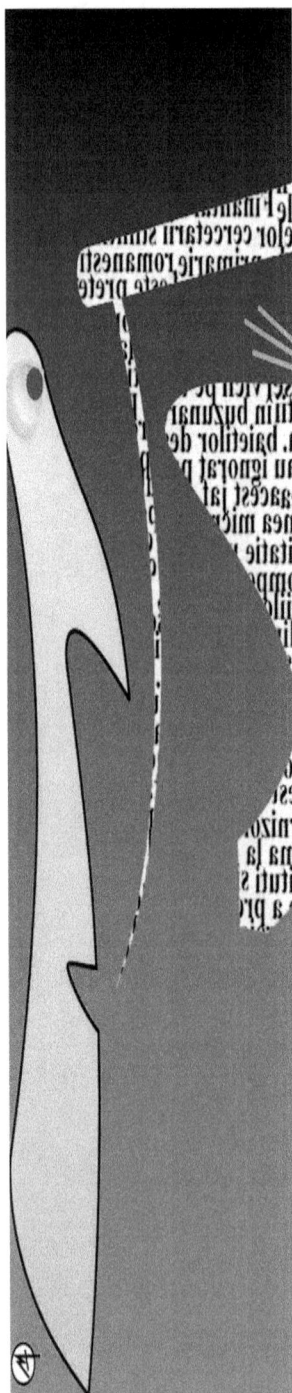

După '89 scrisul cu coatele cel mai mult s-a dezvoltat.

Limba ascuţită nu pe oricine îl irită.

Uită că iarăşi a uitat. O fi avut ceva în cap?

Pentru mulţi politicieni, ca şi pentru parlamentari, cea mai plăcută odihnă a fost cea petrecută în fotoliile puterii.

N-am nevoie de cuvinte, ci de simţăminte, spun oropsiţii vieţii.

Cărţile cu un destin trist sunt chiar de plâns.

Dacă ţi-ai cunoscut duşmanul de ce mai pierzi timpul cu el?

Curios. Zicerea lui Plautus: homo homini lupus est se perpetuează de peste două milenii. Dovadă că nu numai lupii, ci şi oamenii greu îşi schimbă năravurile.

Cred în sfinţii canonizaţi din oameni; în niciun caz nu cred în oamenii care se cred sfinţi.

Tichia pe care o poartă un măscărici are mai multe de spus decât una de mărgăritar.

De prea mult vid ajungi să fi năucit.

Greu să constaţi sau să spui azi: nomen est omen.

Omnia vincit amor – foamea mai greu.

Nu toţi cei care râd reuşesc să înfrâneze moravurile.

Sine qua non să fie doar unul?

Vai şi-amar de oameni după ce se va inventa gânditul cu picioarele!

Pâinea e sfântă când o ai, dar şi mai mai sfântă – când îţi lipseşte.

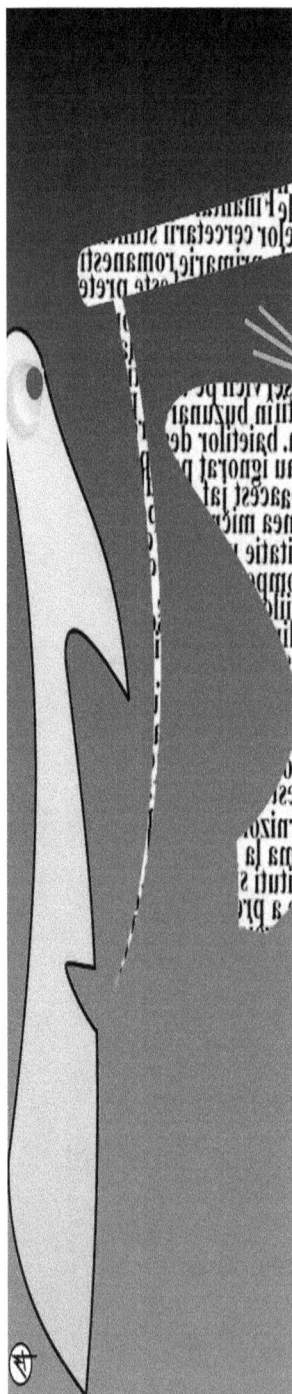

Mi-e ruşine să spun că până şi cuvântul onoare s-a degradat.

Cuvintele au ghilotine pe măsura lor. M-au convins unele găsite în unele cărţi.

Şi propria înmormântare ţi-o poţi organiza. Însă nu-i vei mobiliza pe cei care să plângă cu adevărat.

Unii îşi doresc să aibe papagali discreţi. Să existe oare cu adevărat aşa ceva?

Care pedeapsă-i mai suportabilă pentru ţapii ispăşitori? Tăiatul coarnelor sau retezatul capului?.

Sociologilor le rămâne de demonstrat cum poziţia socială poate schimba greutatea specifică a individului.

Respectă trecutul: în fiecare dimineaţă îmbraci şi o părticică din el.

A îmbătrânit. Îşi dogmatizează tot mai mult ideile.

Oare diferenţa dintre „Madame" si „Mademoiselle" să fie „Monsieur"?

Unii nu realizează că aplauzele în sine bruiază nu calmează.

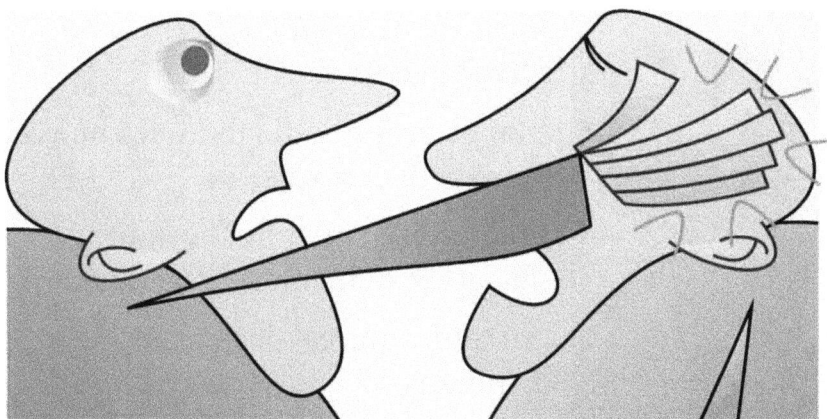

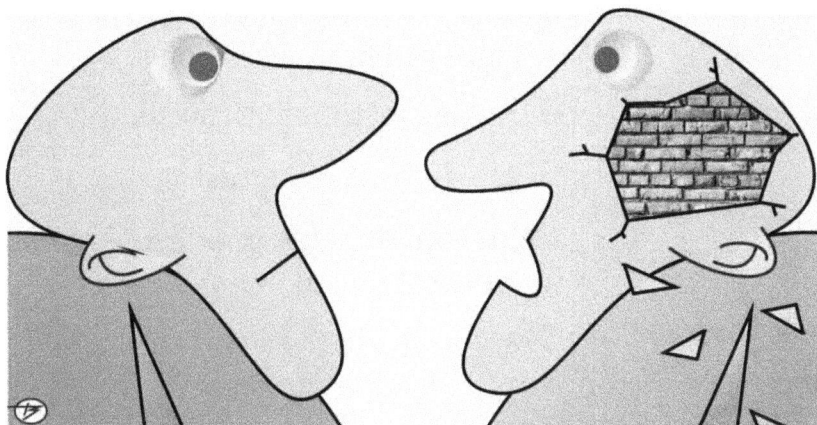

Feriţi-vă de sentimentalişti. Nu toţi s-au lepădat de apucăturile odinioară sadice.

Convingerile doborâte chiar şi cu gloanţe oarbe greu se mai scoală.

Copiii nasc părinţii cu adevărat puerili.

Multe din paradoxurile vieţii rămân şi trainice.

Cu toate că a pierdut din simţuri încă nu-i nesimţit.

Neuitarea e ca râia: se ţine scai de om.

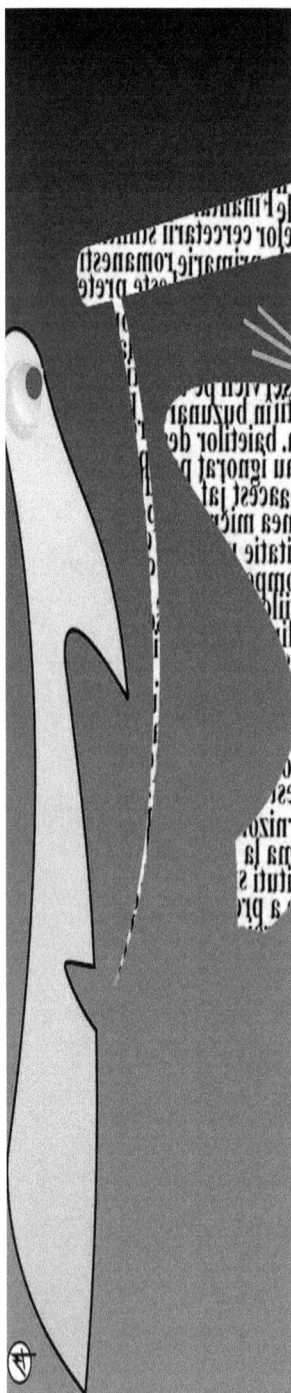

Am aflat că în rai nu mai sunt acceptaţi cei neîncătuşaţi.

Stai pe propriile-ţi labe, dacă nu vrei să nu te duci la vale.

Hemoroizii sufletului nu sunt sângeroşi, dar sunt cei mai dureroşi.

Nu totdeauna cei deştepţi şi dăinuiesc.

A mers pe gustul publicului: pentru a-i face pe plac s-a şi sinucis.

Urmele căsătoriei? Urmaşii.

Râs – impus! Halal râs!

Sunt complimente ce pot supăra mai mult decât lauda.

Dacă n-aţi aflat? Să ştiţi că p u t e r i i nu-i place să gândească.

Lacrimile din plâns greu se împacă cu cele din râs.

Puţine opere nemuritoare aparţin oamenilor.

Se spune că Satana în persoană ar fi păzit mai tot timpul de îngeri.

Fără de sens n-are loc în sens unic şi nici în sens giratoriu. Are doar locul lui.

Cele zece porunci au existat. Fericiţi cei care le-au respectat!

Fără nas chipul nu poate mirosi.

Pot fi credibili cei care fac critica în mână cu măciuca?

Ca să ieşi la suprafaţă, uneori e nevoie să ajungi la
    fund.

Cum să crezi că poveştile adevărate n-ar avea
    credibilitate?

Soţiile şi soţii infideli n-au mustrări de conştiinţă.

Unii au mândria de-a face parte din categoria de
    subordonaţi.

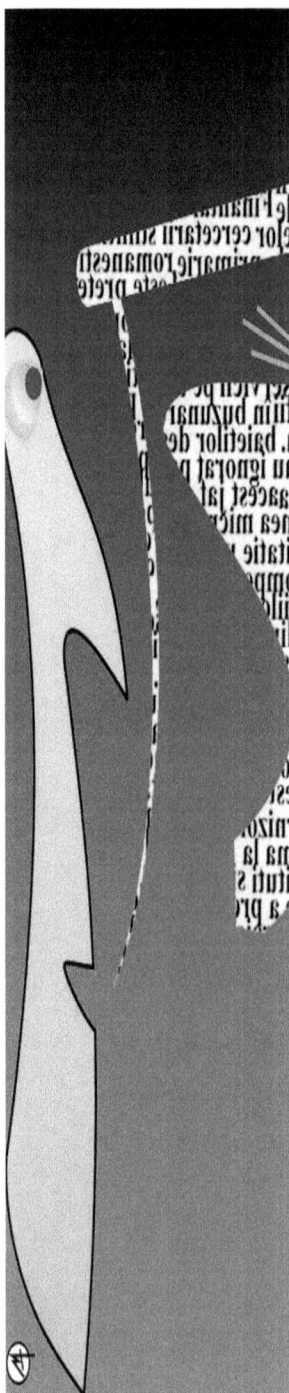

Răspunsurile unora nasc multe întrebări.

Minciunile mici sunt înghiţite de cele mari. S-ar putea şi invers?

Imoralitatea se naşte de obicei întrecând măsura.

Dacă nu ştii nimic, poţi fi bun de făcut orice – a spus un patron priceput.

Chiar şi cu faţa-i descoperită, minciuna nu-i credibilă.

Unii istorici se bâlbâie. Păcat că şi istoria.

Curajului nu-i place laşitatea, şi invers.

Vigilenţa neadormită rămâne totuşi trează.

Unii cred în adevăruri sintetice.

Sunt indivizi, la vârful societăţii, care decretează gânduri negândite.

Militarii ştiu că nu-i deloc simplă subordonarea subordinii.

Gândirea pozitivă naşte gândirea negativă sau invers?

Cel care crede în minuni poate fi păcălit mai uşor.

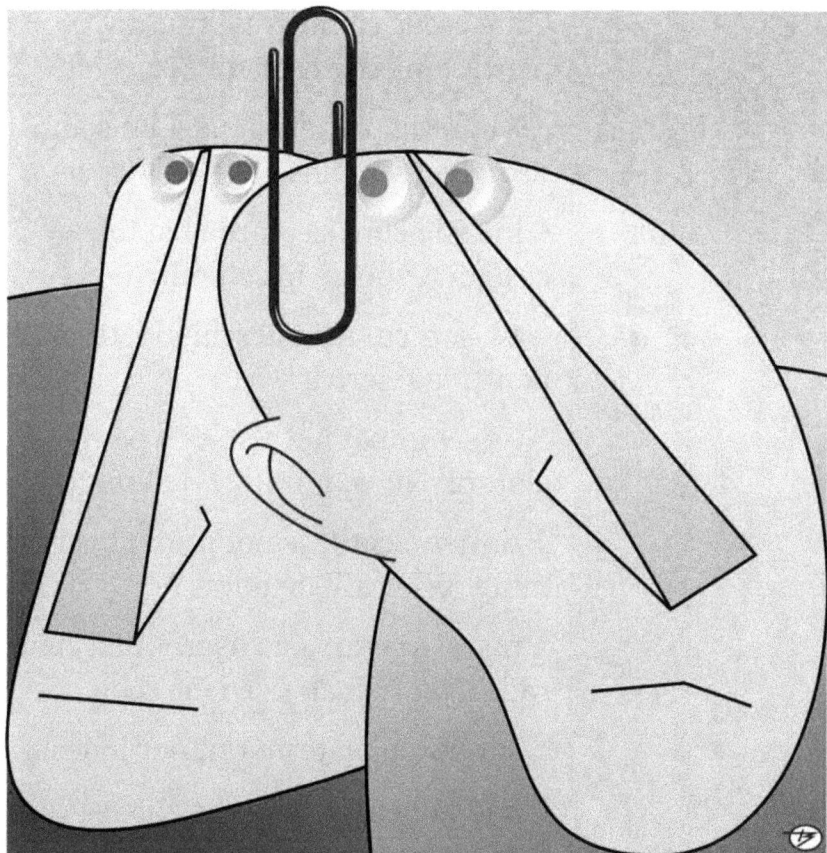

Onoarea în inimă păstrată rămâne trează.

Oportunitatea pierdută, greu mai poate fi cucerită.

Cuvântul rău spus, nu se mai întoarce, e dus.

Sunt țări în care infractorii sunt amputați. În România aleși în parlament deputați.

Vai, ce bogați am fi dacă am aplica deviza: – Cheltuiește mai puțin decât câștigi!

Ai spus tot ce gândești? Atunci ai de ce să regreți.

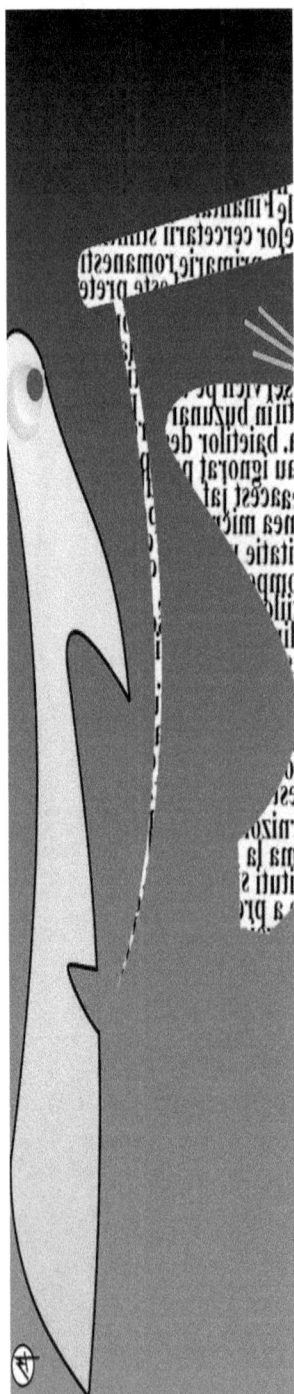

Cine crede că nu are nimic de pierdut, pierde uşor tot ce-a avut.

„Nu" – cu politeţe spus – un semn de nobleţe în plus.

Cine ştie cum să piardă bătălii, câştigă războaie în schimb.

Să visezi cu ochii deschişi. Iată calea pentru a fi fericit.

Şi-a schimbat nevestele ca pe ciorapi. Nu vă miraţi că-i desculţ.

Printr-un coteţ se pot preumbla mai multe generaţii de porci.

Prostul se cunoaşte uşor: după cum râde. Dar mai ales de cine râde.

Dumnezeu plăteşte rar, dar îndesat.

Când pedeapsa lipseşte, cinstea răul nu-l biruieşte.

Rolul de paiaţă orice prost îl joacă.

Uneori limba e mai ascuţită ca sabia. De ea în primul rând mi-e frică.

Prostul cumpără, negustorul bun se bucură.

Cine prostii îndrugă, aude mai uşor şi ceea ce n-ar vrea s-audă.

Răbdare transformată în turbare? O vedem la politicienii de pe ecrane.

A spus ce-a vrut, a auzit ce nu şi-a dorit.

Înţelepciunea şi ştiinţa de carte din capul prostului nici cât o ceapă degerată nu face.

Fiecare „eră" în mai bine speră.

Deseori mi-am reproşat că mulţumiri am adresat şi celor care nu le-au meritat.

Dicton învăţat în ultimii ani. Concetăţeni, feriţi-vă de preşedinţii ju(de)cători!

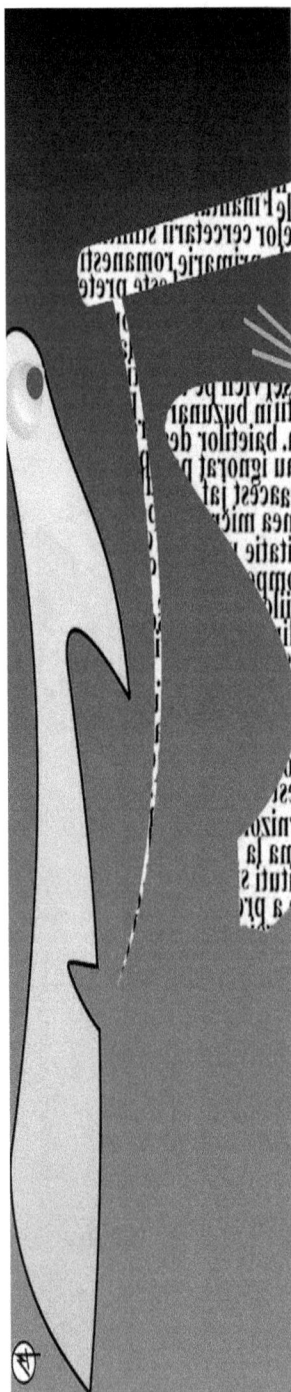

Einstein afirma că-i va fi teamă de „de ziua când tehnologia va înlocui interacţiunea umană. Lumea va avea o generaţie de IDIOŢI ". Am ajuns exact în etapa respectivă. Priviţi în jur. Suntem deja stăpâniţi de o asemenea tehnologie şi de asemenea oameni.

Nu-i lăudare fără deformare.

Unele cuvinte mai mult încurcă lucrurile.

Mitologia nu spune adevărul. Doar anumite părţi ale istoriei mitologia le pune mai bine în lumină.

Comparaţiile sunt bune şi utile pentru a constata: înfrângeri, mai rar victorii.

Mamele sunt primele care se conving că pentru creşterea copiilor nu-i suficient mângâiatul pe creştet.

„Fracturile de civilizaţie" au fost constatate, în primul rând, la ţările pe care le denumim civilizate.

Trecutul e azi – spunea Norwid; adaug: suntem azi ceea ce şi cei ce suntem – parte a trecutului.

Ceea ce nu se înţelege sau e greşit sau rău spus; verifică şi te vei convinge de adevăr.

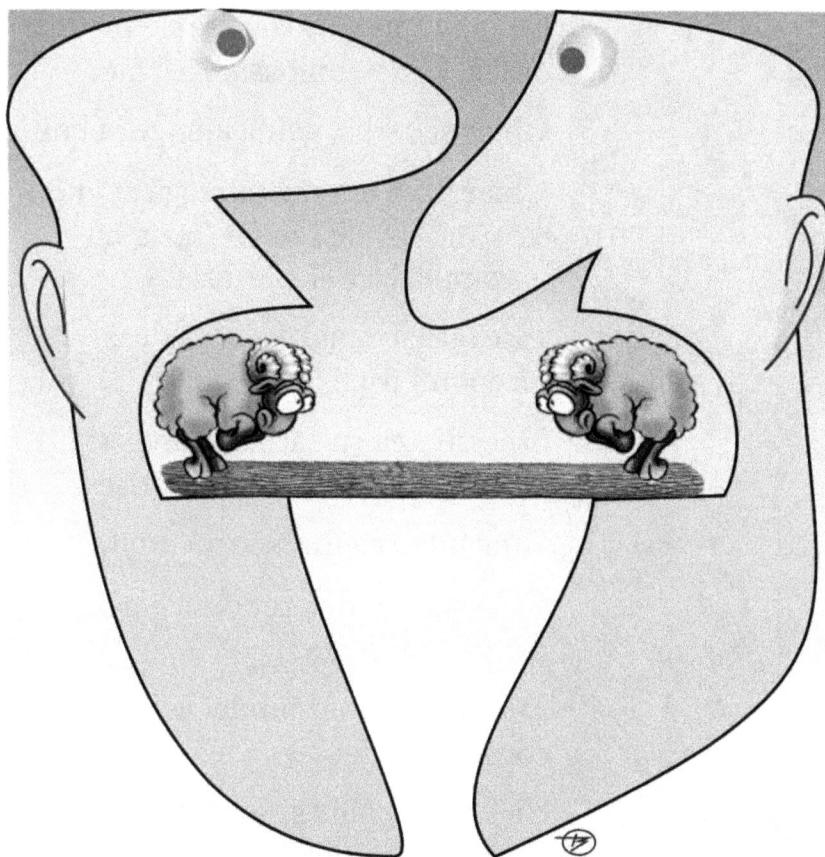

Slujba unui preot (pastor) bun este o binefacere pentru sufletul rătăcit.

Iubirea – cel mai bun balsam pentru om şi umanitate în întregul ei.

Alege! Ai atâtea obligaţii în viaţă că nu la toate le poţi face faţă.

Bogăţie ce har dumnezeiesc când ştii să o foloseşti.

Suntem convinşi că nu suntem nebuni şi – totuşi – alţii văd stropul de nebunie fără de care n-am fi oameni.

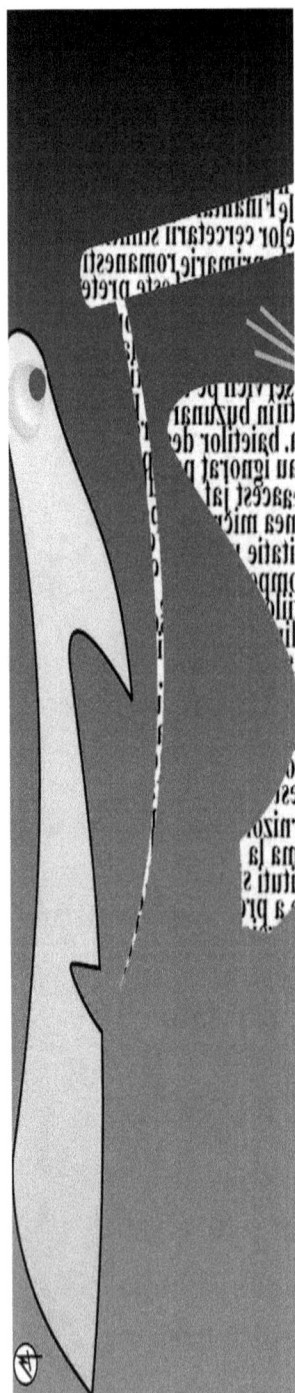

Se întâmplă că soarta să fie nu doar oarbă, ci şi nemiloasă. Fă-i faţă.

Chiar şi oarbă, găina ajunge la bob.

Chiar dacă o lume întreagă spune ceva îndoielnic sau fals, asta nu înseamnă că e şi adevărat.

Frica fricii e mai ascuţită decât începutul fricii.

Onestitatea cu sărăcia deseori îşi dau mâna şi chiar se îmbrăţişează.

Cine înţelege mult, iartă mult.

Cine ştie cât de preţioasă e pâinea nu aruncă tărâţa.

De jos vezi doar fundul celui urcat în copac.

Şi-a dorit pâine şi-a primit cozonac. Dar nu s-a săturat.

Nu-i apă care să poată setea mării s-o stingă.

Sigur rău nu se căsătoreşte, cel care în vecini nevasta-şi găseşte.

Norocul singur ţi l-ai făcut. Atunci singur de el să te plângi.

De la distanţă câinele simte când este iubit. La iubirea ta câinele îţi răspunde însutit.

Veştile îmi lipsesc în linişte mă odihnesc!

Iubirii adevărate, sărăcia nu-i place. Şi nu numai ei.

Atât de ieftin a cumpărat că are de ce regreta.

Nu toţi indivizii care cad de pe cracă, teferi scapă.

Teama de pădure îl îndepărtează pe fricos de mure.

După ce sari din lac în puţ nu mai vrei nimic.

Târziu află c-a greşit. Inimii i-a poruncit.

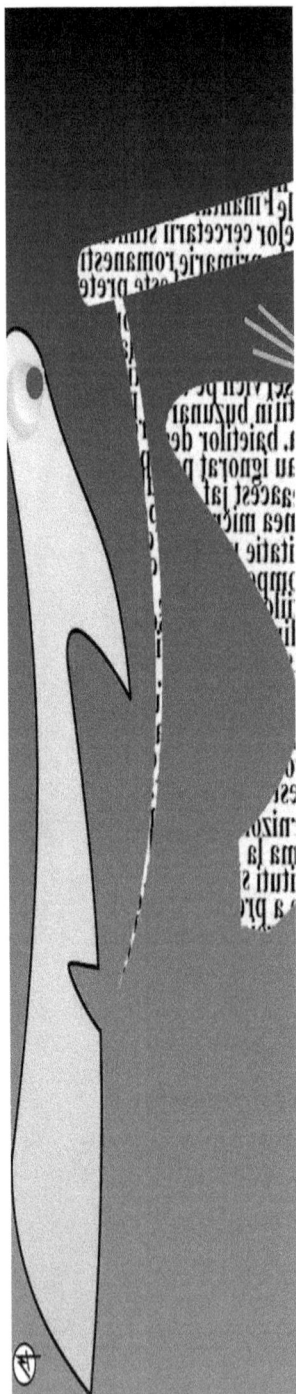

Când totul se termină cu bine, poţi reveni pe orice culme.

În floare nu vezi cum va fi fructul.

Dacă nu s-ar vorbi, proştii ce-ar mai povesti?

Poverile sunt la fel, dar nu la fel de uşoare.

Rar i z b â n d a reuşeşte din prima.

Nu te răzbuna pe oglindă că ţi-a arătat chipul pocit.

Succesul: pui treaba la înaintare, cu distracţia las-o mai moale.

Doar omul de zăpadă şi sperietoarea din grădină nu au dureri de cap.

După ce ai văzut moartea găseşti mai uşor soluţii de-a trăi.

Ce s-a dus e ca şi pierdut.

Toporul lucrează cu spor în pădure, coada de topor oriunde.

Leac la toate – cumpătarea.

Focul mistuie fără nicio greutate lemnele strâmbe sau noduroase.

Frumoasă sau viermănoasă – gurmandului mai puţin îi pasă.

Flecarii nu cred în vorbele de duh. Convinşi că n-au nimic de pierdut.

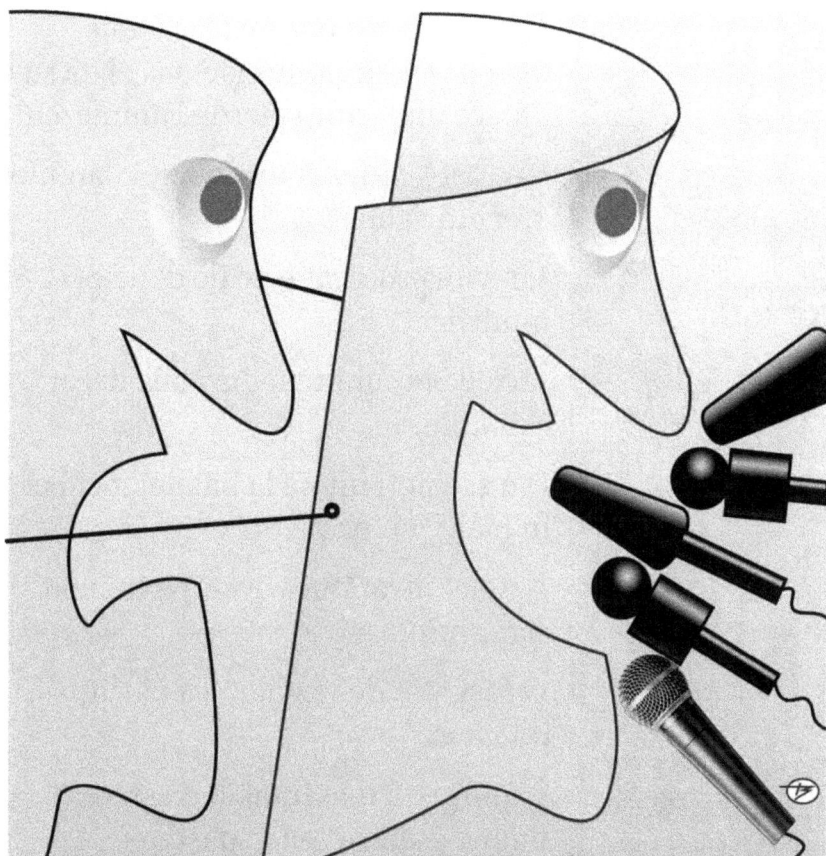

Fericirea e şi o chestiune de voinţă. Ţi-o sapi şi ţi-o îngropi singur.

ORL-işti din toate ţările, hotărâţi-vă! Scoateţi sau nu scoateţi ceara din urechi?

Fiţi curajoşi! Nu vă scurtaţi viaţa! Se spune că ar fi scumpă.

Nici chiar cu prietenii nu împarţi mereu bucuria.

Ca Om aş fi propriul meu creator! Doamne, ce misiune uriaşă mi-ai pus pe umeri!

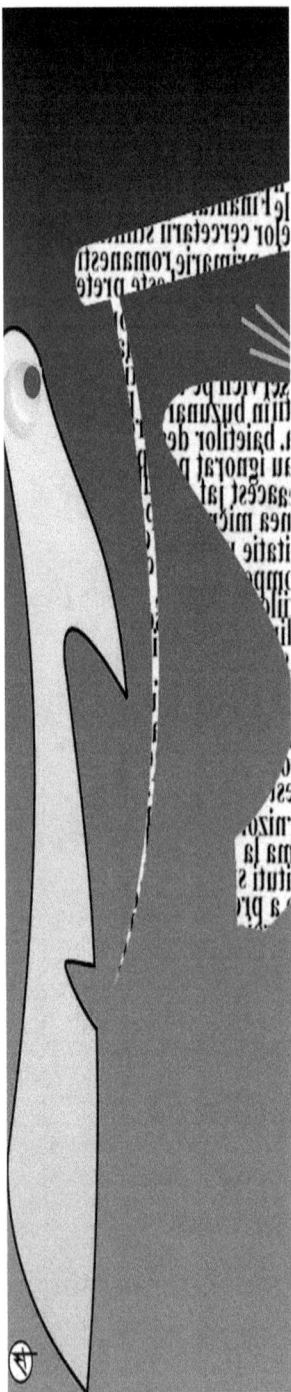

În talmud se spune că lacrimile femeilor sunt numărate de cel de sus. Vai, ce mult timp pierde Dumnezeu!

Cu toate că-i efemer, zvonul dăinuie precum valul.

Un viteaz ocărât este de două ori nimicit.

Defectele sunt mai durabile decât calităţile.

Nu scoateţi inima la bătaie; locul ei e în piept, nu pe piept.

Numai învăţătura destupă în mod sigur mintea.

A fost atât de răsfăţat, că părinţii şi i-a uitat.

Gândiţi-vă mai întâi la creştere, şi numai după aceea la naştere.

Spus în glumă, adevărul ajunge mai uşor la inimă.

Adevărul are mai mulţi duşmani decât prieteni.

Suspinul nu te ajută, însă te consolează.

Neîncrederea năruie prietenia.

La nevoie vezi cât de nevoiaş eşti.

Taci şi faci. Întrebarea-i până când?

Ca şi rugina, lenea roade pe dinăuntru.

Cel care se preface că doarme mai greu poate fi trezit.

N-ai să fii mai sărac de mai laşi puţin din încărcătura din sac.

De sărăcie scapi muncind.

Pricipere plus pricepere – călăuze sigure.

Strâmbilor nu le displac cărările strâmbe.

Puţini clasicii se exilează în eternitate.

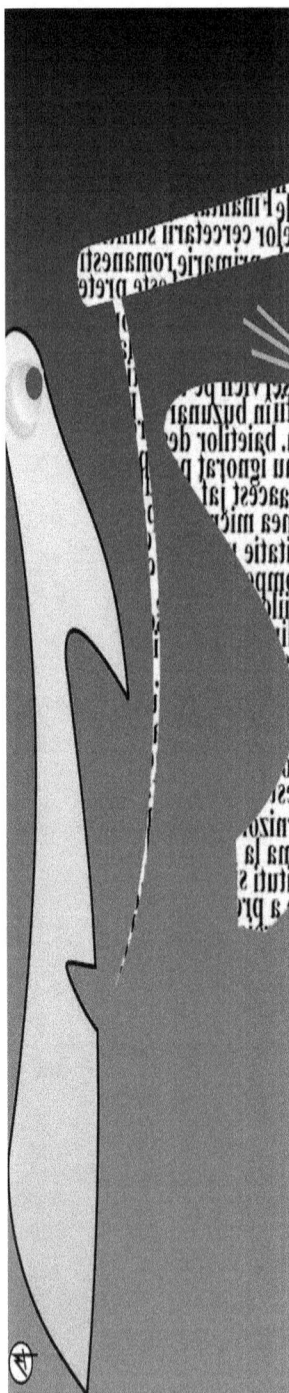

Mă încântă arta în care văd mâna lui Dumnezeu.

Nu cred în umbre. Ele mă sperie nu mă încurajează.

Unii proşti au admiratori înverşunaţi.

Poezia nu moare – a spus-o un om de ştiinţă.

Pentru raţiunile inimii greu explicaţiile sunt mai complicate.

Întrebarea şi nu răspunsul sperie cel mai adesea.

Cu cât eşti mai sus, cu atât vezi mai departe.

De la generaţie la generaţie mesajele se schimbă. Cine nu le înţelege în devenirea lor, nu înţelege dinamica progresului.

Florile se exprimă prin miresme, omul prin trăiri.

Farmecul necunoscutului e una din trambulinele progresului.

Grotescul ascunde adevăruri nebănuite.

Eroismul este deasupra individului. Este starea care nu mai aparţine acestuia.

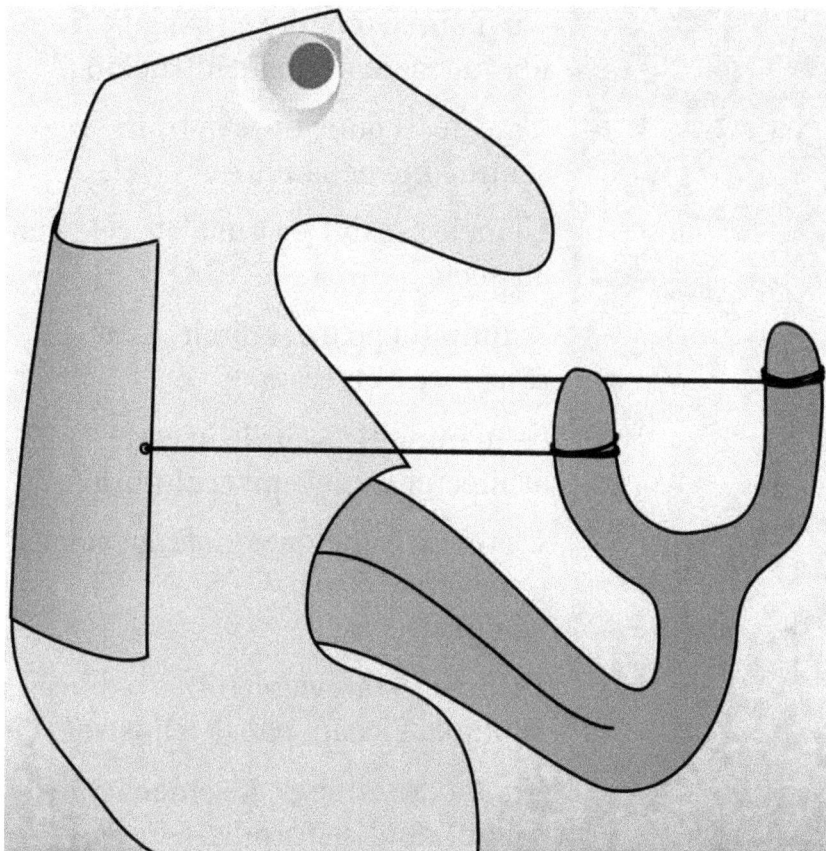

Nu toţi cei care caută pericolele sunt nebuni.

Doar în joacă poate fi surprinsă firea noastră cea adevărată.

În planurile individului se ascunde capacitatea omului.

Răul şi binele există. Doar tu singur hotărăşti de partea cui te situezi.

Până nu înveţi arta războiului direct de la cel cu care te războieşti definitiv nu-l cucereşti.

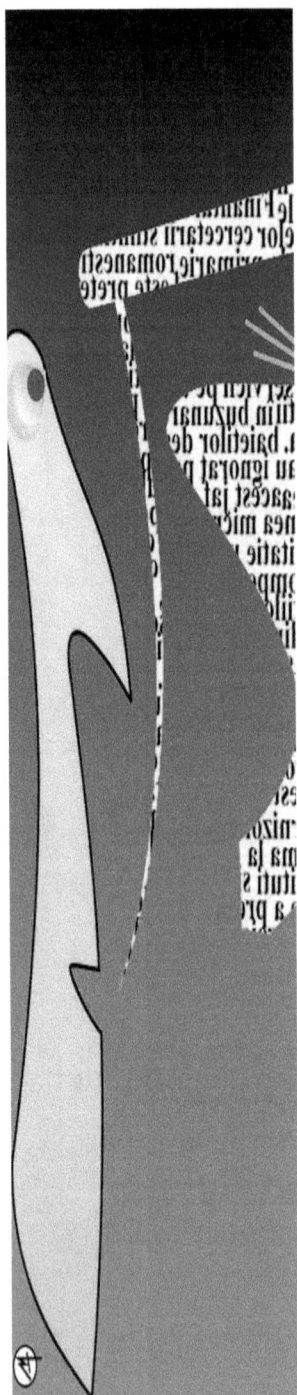

Cu mâinile mânjite cu sânge, libertatea nu se poate întruchipa.

Câinele îţi pune pe tavă trăiri şi sentimente nebănuite.

Câinele şi calul – animalele cele mai altruiste.

Admiraţia poate şi nimici. Atunci când este exagerată.

S-au înmulţit locurile în care arhitectura a devenit sculptură.

Că teoria este o mostră fără valoare – un veritabil artist o şi demonstrează.

Picasso a spus că pictura e o dulce nebunie. Fiecare pânză o ilustrează.

Starea de fericire este emanată în primul rând de frumuseţe.

În felul ei fiecare generaţie este modernă; fiecare exprimă în felul ei modernitatea.

Există mulţi impostori printre cei care se prefac a cunoaşte arta.

Dacă adevărata artă ar fi o minciună mi-ar place să fiu tot mai des minţit.

Zgârcenia te ajută mai degrabă să pierzi decât să câştigi.

Prin expoziţii văd tot mai des oameni care vor să fie
    văzuţi şi nu să vadă.

Între iubire şi bani, până la urmă iubirea-i mai trainică
    ca averea.

Nu totdeauna cei buni sunt şi abili.

Lucrurilor frumoase, noaptea le estompează din
    frumuseţea adevărată.

Autoritatea morală înseamnă autoritate ridicată în
    împrejurări ostile la rangul superlativ.

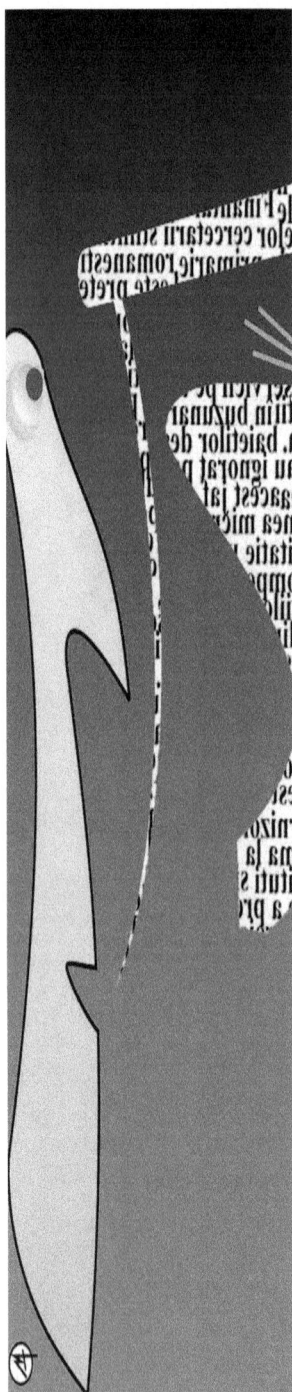

Oricât de mult l-ai îndepărta, caracterul tot la matca-i adevărată trage; numai aici se simte bine.

Unii pesimiştii au repurtat victorii nebănuite de optimişti.

Cel mai greu este să atingi perfecţiunea. Puţini recunosc că ar fi atins-o.

Homo homini lupus – apucăturile sălbatice sunt durabile.

Cititul înseamnă t r a d u c e r e după mintea şi puterea fiecăruia.

Cartea – cel mai răbdător şi longeviv învăţător.

Doar înţelepţii înving frica.

Laşii se condamnă la moarte înainte de-a muri.

Dacă nu îţi faci un nume, mori cum ai trăit: anonim.

În nimicuri se ascund mai uşor lucruri sau sensuri nebănuite.

Lacrima nu-i otravă; e durerea sau bucuria împărtăşită sau neîmpărtăşită.

Din disperare adevărul niciodată nu răsare.

Invidia pârjoleşte omenia.

Fără puţină ipocrizie politeţea nu prinde viaţă.

M-am convins pe pielea mea ceea ce Oscar Wilde
spunea: copiii încep prin a-şi iubi părinţii, apoi îi va
judeca, ca să ajungă la a-i uita.

Toţi oamenii ar fi la fel, dacă n-ar avea alte obiceiuri.

Doar temerarii şi celebrităţile dau alt curs realităţilor.

Anxioşii sunt produşi ai civilizaţiei.

Interesul a fost şi este rege. Toţi şi toate îi stau la
picioare.

Trecerea de la esenţă la existenţă n-a făcut-o decât Dumnezeu.

Universul este veşnic pentru a transforma totul.

Prostul moare cu părerea lui în braţe, şi-i convins că-i bună.

Puţin. Ce bun! Puţin mâncat, rar bolnav.

Viaţa ne-a fost dată de Dumnezeu ca să trăim în Rai; omul a preferat iadul. Şi nu ştie cum să iasă din el.

Moartea va dispărea odată cu omul. Cine va apuca să vadă asta?

E bine că nu doar în oglindă reuşim să ne cunoaştem.

Nemuritorii nu ştiu ce-i moartea. De aceea puţin le pasă de viaţă.

Conştient că ar face-o prea târziu, Cioran nu s-a sinucis!

Destinului nu-i pasă de numărul celor morţi.

Priviţi în ochii copilului; ei v-arată ce înseamnă dragostea părintească.

M-am uitat la mâinile unor bătrâni. Veritabile lucrări de artă.

Nu-i cunoscută încă şcoala care să fi făcut din neom OM.

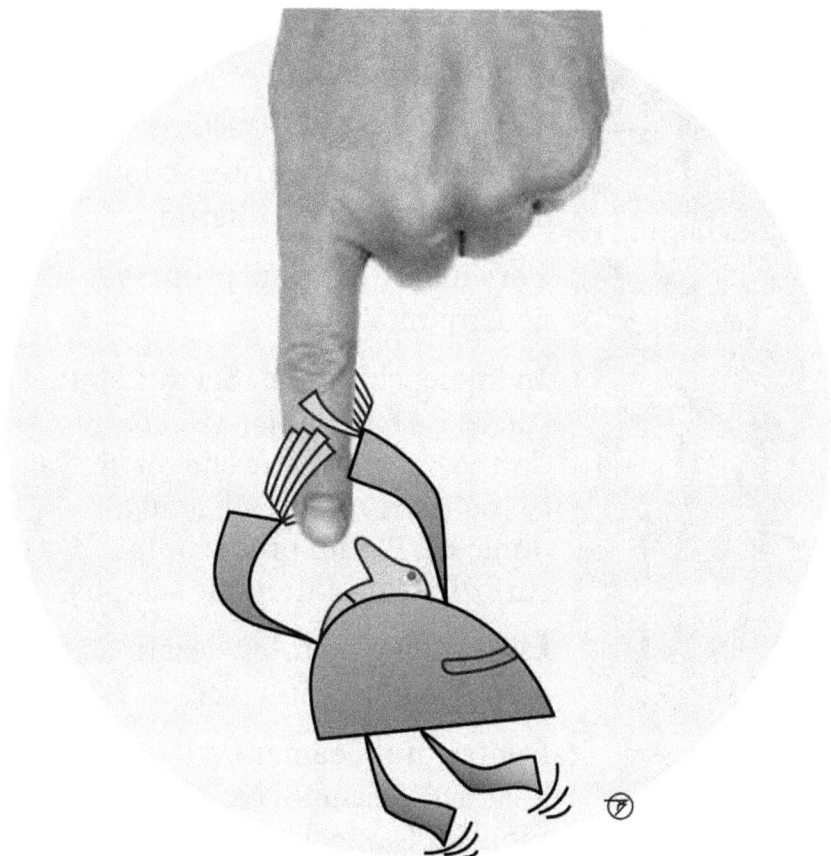

Secret – piatră aşezată pe suflet.

Cine tace nu înseamnă că ascultă.

Timpul – Tată este mai exigent decât Mama – Natură.

Moravurile ar fi slabe pentru că ar fi opera femeilor. Se mai susţine şi că au spus-o şi-au demonstrat-o chiar ele.

Nu doar femeile se căsătoresc din curiozitate, ci şi mulţi bărbaţi.

Poalele lungi ale femeilor n-au împiedicat procrearea.

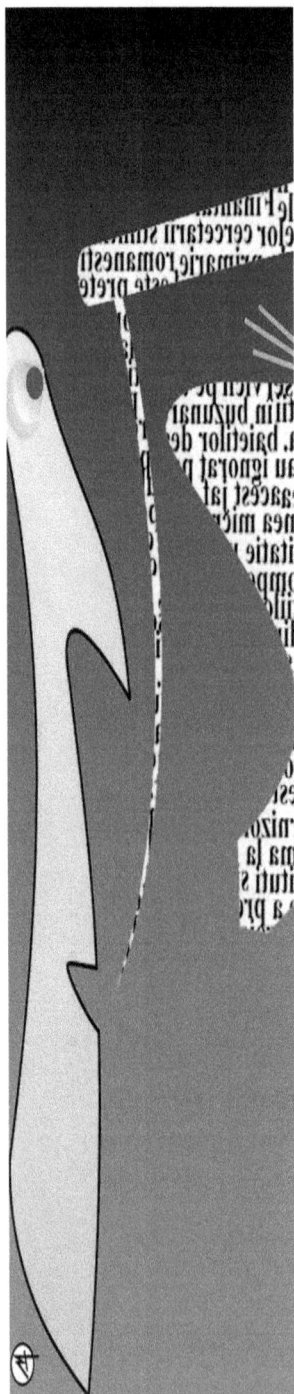

Eternul feminin – *Das Ewig Weibliche* (Goethe) – iată permanenţa civilizaţiei.

Toţi ştim ce-i dragostea; o înţelegem descuind-o cu chei diferite.

Fericirea se exprimă printr-o nemărginită iubire.

În înţelepciunea lui, Socrate spunea: ştiu că nu ştiu nimic. Azi, la Cotroceni, ştim că se ştie tot. Şi, vai, ce costisitor este să ştii atâtea nimicuri. Plătim prea scump curiozitatea şi interesele sus-puşilor.

Dificultăţile nu m-au dezarmat, dar nu pot spune că îmi plac.

Pentru mulţi oameni, frica de eşec le-atârnă deasupra capului precum sabia lui Damocles.

S-au prăvălit regate clădite pe nedreptate; cum să reziste atunci just iţiile bazate pe nedreptate?

Cu cât iarna e mai lungă, cu-atât primăvara e mai plăcută.

Când aproapele nu ţi-l înţelegi, nu cere să fii înţeles.

Iertarea n-are loc în mintea hainului.

Nu oricine poate uita numele duşmanului. Cu toate că iertarea se pare a fi divină.

Iubeşte pentru a nu ajunge să îţi ceri iertare.

Errare humanum est – de aceea se şi greşeşte atât de mult.

Realitatea mea este alta decât a ta. Ne convingem prea des de asta.

Societatea nu-i ceva abstract. Fără persoane fizice concrete cu necazurile şi bucuriile lor societatea n-ar exista.

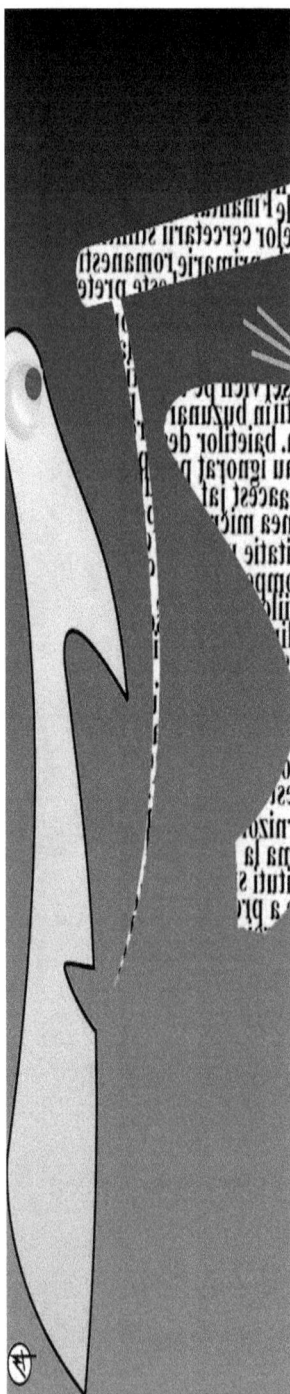

Fără imaginaţie nu există creaţie.

Fiziologii au demonstrat că omul nu foloseşte toată capacitatea minţii. Într-un anumit fel informaţia ne conştientizează.

E nevoie de perseverenţă şi de multă înţelepciune pentru a-ţi pune mintea în ordine.

Nu vă risipiţi cu sfaturi în stânga şi în dreapta. Mergeţi la ţintă. Daţi-le doar celor care au nevoie de ele.

Cine învaţă matematică îşi mobilează mintea. Stiu aceasta încă de la un profesor din liceu.

Conştiinţa este un tribunal – a spus Kant. De aceea să fie atât de arbitrară?

Mintea care nu veghează zi şi noapte, se stinge – şi nu se mai (re)aprinde.

În locul nimfelor s-a inventat futurologia. Aşa s-a pierdut un mare capital de cunoaştere.

De la sărăcie la revoluţie nu e decât un pas.

Soarele de la Austerlitz nu străluceşte peste tot la fel; pe pielea lui a constatat-o Napoleon în Rusia.

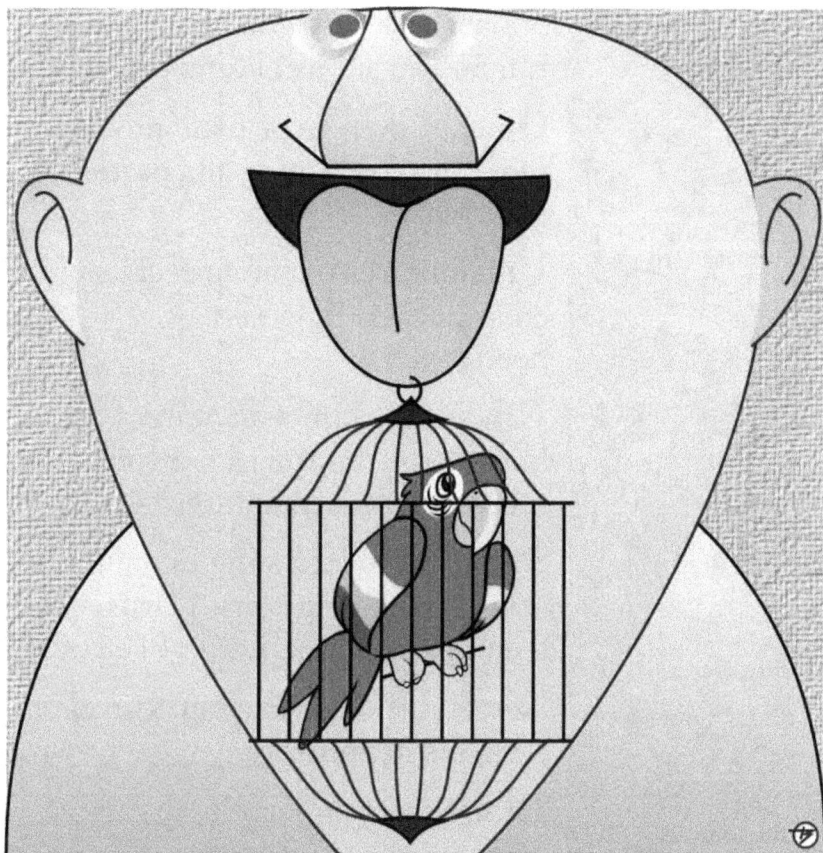

Nu întotdeauna dragostea se împacă cu judecata.

În dragoste, legea 3-a a lui Murphy, nu dă greş. – Nu contează lungimea baghetei, ci magia din ea...

Dezamăgirea de sine – iată o ghilotină.

Înţelepciunea este umbra deziluziei; şi invers.

Chiar şi zâmbetul trist pentru om e un câştig.

„Ţărâna uşoară" – n-a fost încă inventată. Aviz pentru întreprinzători.

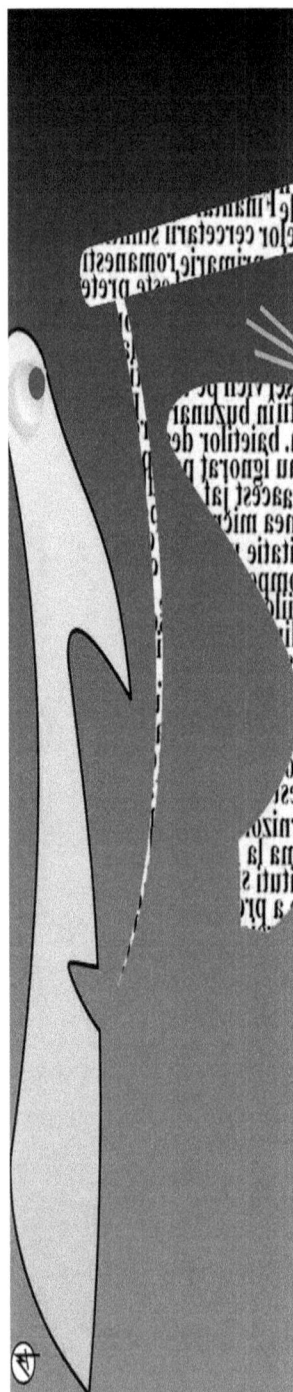

Moartea ca instrument al vieţii – rămâne un subiect literar insolit.

Omul îşi petrece pe pământ viaţa – moartea o trăieşte în altă parte: „dincolo".

Unii încearcă o mare plăcere sau chiar bucurie în lectura necrologurilor.

Când eşti la înmormântare, bucură-te cel puţin că n-a venit mortul la înmormântarea ta.

Platon a spus că „sufletul omului este nemuritor şi etern". Urmaşii lui s-au îndoit şi se îndoiesc. Si eu la fel.

Cercetaţi şi veţi găsi muritorii care au ajuns nemuritori.

Dintre toate popoarele, se pare că românul are ţeluri înalte: „Tinereţe fără bătrâneţe şi viaţă fără de moarte". Inspirat vis.

Politicianul este ignorantul perfect. El ştie tot.

Munca stăruitoare, biruie la orice – acest îndemn la progres al lui Vergiliu – e pe cale de-a sucomba; tot mai mulţi s-au (răs)convins că mai uşoară este calea de a delapida (la nivel înalt), şi de-a fura.

De pe fruntea victorioşilor sunt nelipsiţi laurii norocului.

Doar înţelepţii învaţă din greşeli.

Până şi raţionaliştii au spus că: – „dacă Dumnezeu n-ar exista, ar trebui inventat". Ar mai fi ceva de adăugat?

Când nu mai ai în ce crede, rămâne o ultimă scăpare: speranţa.

E pe cale de-a se demonstra că prostia omenească a atins infinitul.

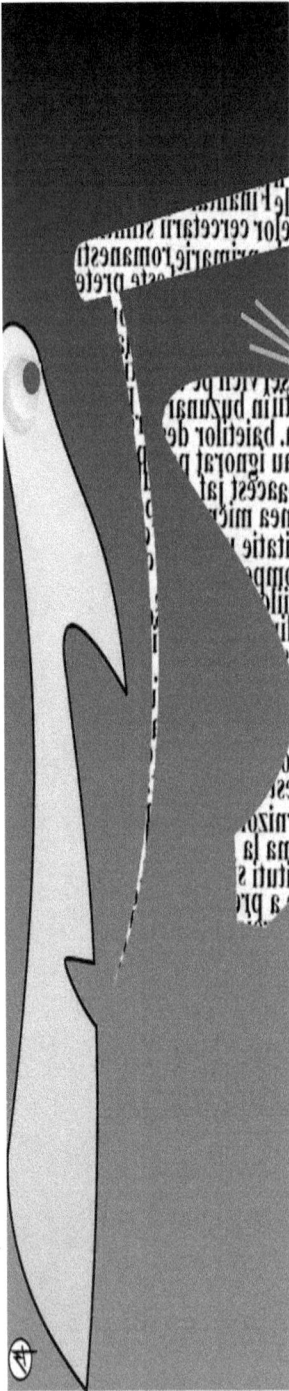

Să trăieşti mult fără să fi bătrân? Cum?

Curiozitatea scade odată cu vârsta.

Numai cine poate răbda, poate învăţa.

De pădure speriat, ciuperci n-a mai mâncat.

Cine spune adevărul adevărat, poate ajunge şi cu capul spart.

Orice laţ îşi găseşte un naş.

Ziua de mâine fi-va oare a mea sau a altcuiva?

Limba lungă prietenii ţi-i alungă.

N-o rupe! Smulge iarba rea că-ţi îmburuieneşte grădina.

Nu uita! Onoarea ta – e doar a ta! Ca şi viaţa.

Prudenţă înfrântă nu există.

A iertat, domn s-a încoronat.

Pe tine te înjoseşti, atunci când bârfeşti.

Orice, dar nu virtute pe drum ai să găseşti.

Cine în pădure trăieşte se şi sălbăticeşte.

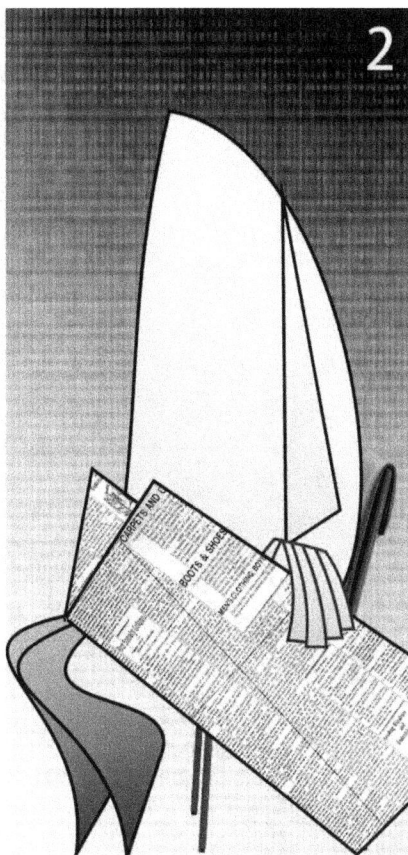

Speranţă mare, dezamăgire şi mai mare.

Ulciorul spart nu se lipeşte cu scuipat.

Mic sau mare, şarpele rămâne ş a r p e.

Limba e mai tare decât dinţii. Ei cad. Limba nu se
usucă.

Pentru omul fără picioare, încălţările n-au nicio
valoare.

Toate relele prin gură ne trec.

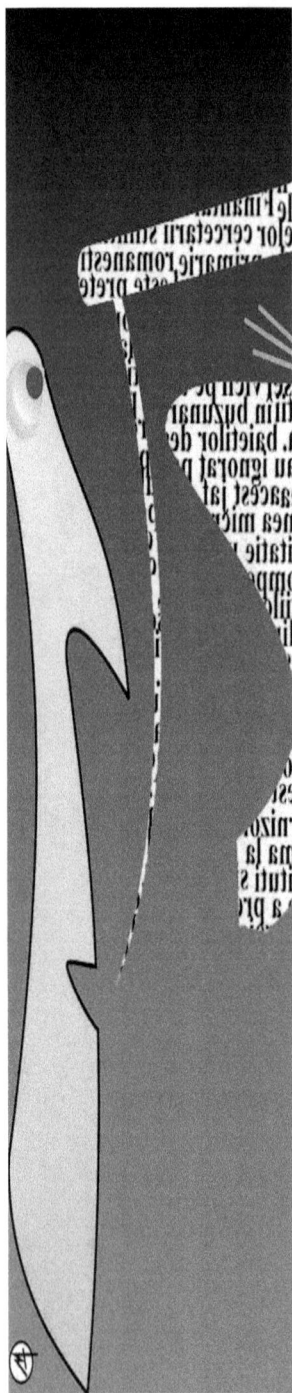

De la cei care se întorc, poţi afla mai uşor drumul pe care să te în drepţi.

Penultimul pas e cel mai lung.

Nenorocirea intră mai uşor în casa pregătită a-i dea bună ziua.

Ideile păstrate doar în gând, precum ospeţele din somn rămân.

Doar cu dorinţă şi fără voinţă nu se ajunge la ţintă.

Un munte nu-l muţi din loc ca pe-o piatră.

În vise a crezut şi nu s-a mai trezit.

Fugi de-ndată din barca răsturnată!

Fără străbuni eşti ca un arbore fără rădăcini.

Favoare mare, trădare la fel de mare.

Laudele spuse în faţă şi dispreţ înseamnă.

Credinţa – ori e, ori nu e.

Veriga slabă arată puterea lanţului.

Cogito ergo sum – altfel spus – în viaţă eşti ceea ce gândeşti.

Să nu dai cu capul în zid. Mai bine să-l sari sau să-l dărâmi!

Învăţătura-i cea mai sigură şi statornică călăuză.

Nu ştiu cum parcul mereu recunoaşte primăvara înaintea mea?

Profesorii mi-au deschis mai multe uşi. Pe unele am intrat pe altele nici n-am încercat. Târziu, prea târziu pentru a mai regreta.

Când copacul verde din inimă se ofileşte, sfârşitul nu te mai ocolcştc.

Din braţele viciului se cade direct în prăpastie.

Hotărârea înţeleaptă vine spre dimineaţă.

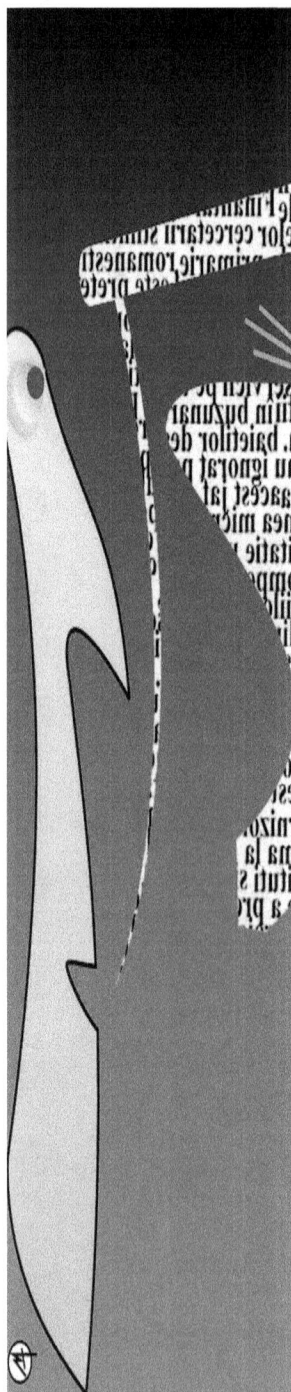

Totdeauna-ţi cari p o v a r a ta! Se întâmplă ca şi pe-a altuia.

Se spune că ungurii spun adevărul o dată la un secol. Se supără când află de asta.

Proştii se simt în largul lor chiar şi-n gropi.

Cu japca, statul îţi ia cât de mult poate, dacă poţi, dă-i numai pe jumătate.

Cuvintele nerostite – boboci neînfloriţi.

Cum să învingi timpul? Până acum am constatat că doar el ne învinge pe noi: zi de zi, ceas de ceas.

Adevărul este o starea de normalitate; se află mereu în faza de-a ieşi la suprafaţă.

Câte adevăruri, atâtea definiţii. De definit...

Adevărul cel adevărat ajunge să fie pus în practică de câteva ori într-un secol.

Pentru ideologii comunişti, până şi adevărul era burghez. Nu întâmplător. Să aibe împotriva cui lupta.

Pentru artişti, respiraţia şi admiraţia – condiţie vitală.

Admiraţia şi bunătatea – două surori care defilează mereu împreună.

Fructele nu floarea – reprezintă cartea de vizită a pomului.

Cum să scrutezi viitorul se învaţă. Mereu în viaţă, cu trecutul în faţă.

Nu s-au inventat pomada care să şteargă jignirea fără să lase urme.

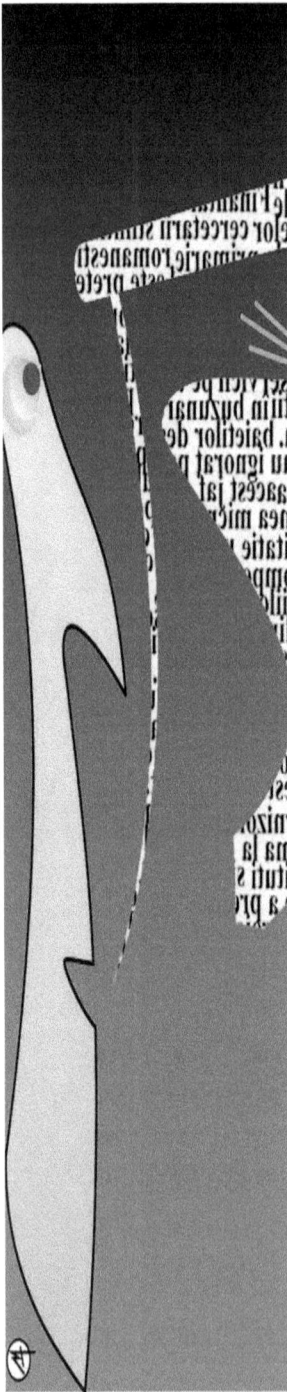

Patria este bunul lăsat de înaintaşi; de Ea doar prin prin trădare te desparţi.

Cartea de vizită a oricărei ţări e limba.

Apatrizii sunt indivizii cei mai uşor spulberaţi de vânt şi măcinaţi de doruri pe care doar ei le ştiu.

Primul lucru pe care civilizaţia l-a realizat în mod articulat a fost PATRIA.

Patria nu-i oare veşnicia de care chiar dacă ai vrea n-ai cum te lepăda de ea?

Descurcă-te pe cont propriu. Numai aşa ajungi departe mai uşor.

Unii greşesc ca să aibe din ce învăţa.

Calicul numai când vomită ştie ce mănâncă.

S-a dovedit că nu întotdeauna proştii pun cele mai proaste întrebări.

Sunt nemuritori care şi-au trăit viaţa pentru alţii. Calendarele sunt pline cu numele lor.

Vânzarea pe ochi frumoşi a contribuit la dezvoltarea comerţului.

Ochilor să le mulţumim că nu reţin tot ce-au surprins pe retină.

Bucură-te că ochiul nu doar vede dar şi simte ca să poţi să înţelegi tu mai bine.

Alege un scop nobil în viaţă. Avantajele vor veni de la sine.

Când doar priveşti cu puţin te alegi.

Depravarea vine în primul rând de la morala relativă.

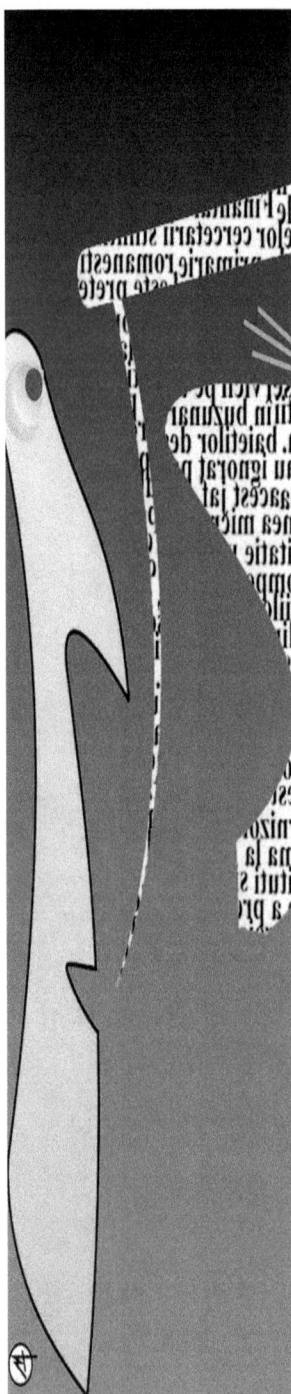

Când nepotu-meu nu mă înţelege, prefer să mă las păgubaş în a-i mai explica. Îl las să îşi ridice ştacheta cât de sus vrea.

Ce caracter tare. De mic a ros oase.

Vrei nu vrei şi mâine va fi o zi. Dacă o vom trăi.

Vulpea şireată e prima vânată.

Viclenia – soră cu neomenia.

Iubirea dă putere vieţii.

Rugăciunea – prima scară ce duce la cerul înstelat.

Nu toţi au simţit sau simţi-vor că Dumnezeu e în primul rând iubire.

Iartă-l pe cel care te-a ocărât. Tu mergi mai departe, aşa vei găsi liniştea.

Doar cu modele foarte bune se pot modela fapte pe măsură.

Câţi şefi, atâtea sfetnici. Doar că puţini din ei sunt înţelepţi.

Eşti răsplătit cu valorile cu care operezi.

Credinţa lucrează în taină. Şi tot în taină opera începută se desăvârşeşte.

Nu toate ideile dau lucrurilor tăria la care o aşteptaţi.

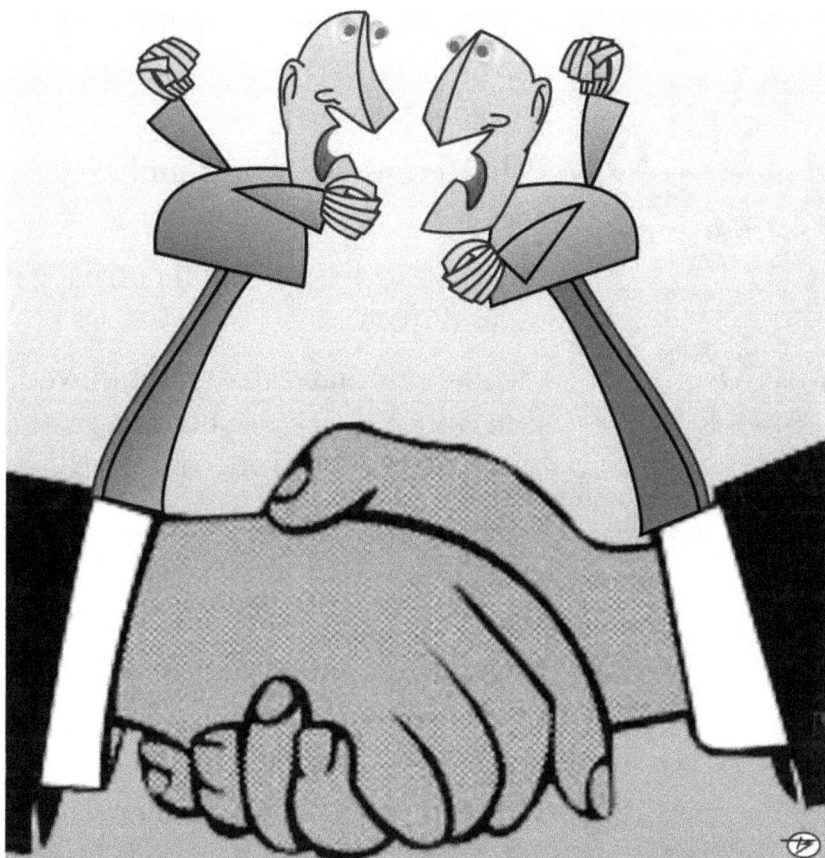

Nefolosirea în mod curent a cuvintelor vrednic şi nevrednic a dus la transformarea lor în arhaisme.

Împărtăşită cu cineva, mulţumirea sporeşte şi este mai trainică decât ne-am aştepta.

Pavăză pentru libertate este conştiinţa imaculată.

Puţini ştiu că poezia are ochi înaripaţi pentru a surprinde nevăzutul.

Cu al treilea ochi văd doar poeţii.

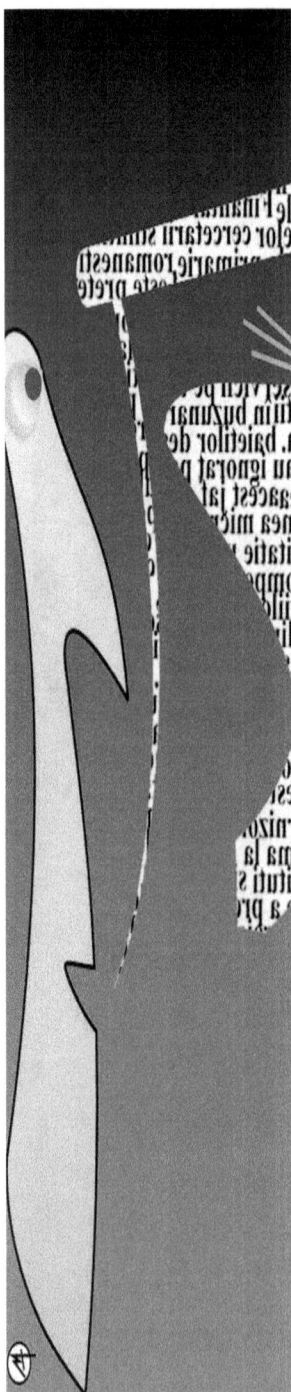

Istoria are ochi mulţi, mulţi ca să pătrundă pe verticală în adânc şi să nu vadă strâmb.

Prin lacrimi se exprimă multe adevăruri.

Nu toţi istoricii au ochiul potrivit să vadă în trecut.

Ochii-s multilaterali dezvoltaţi: văd, simt, iubesc, urăsc, se bucură, se tem... Într-un cuvânt – trăiesc.

E bine că nu oftalmologii se ocupă de ochii minţii. Vai, unde (am)ar fi ajuns, de-ar fi fost lăsaţi pe mâna lor.

Puţini au remarcat că ochiul este în sinea sa chiar simbolul vieţii; cine-i are închişi – înseamnă că a murit.

Ultima dorinţă: să mai trăiesc câţiva ani după ce am murit, să-i aflu pe cei care mă mai înjură şi să îi iert.

Leneşii amarnic se înşeală: cine stă întins nu trăieşte mult sau mai mult.

Din ce în ce tot mai mulţi indivizi trăiesc în van. Vai şi-amar: ei se cred a fi liberi.

Îi deplâng pe cei care scriu memorii despre ceea ce îşi închipuie că ar fi trăit.

Memorialistică diplomatică – memorialistica cea mai colorată.

Sensul giratoriu ar trebui denumit sensul ce-ţi poate salva viaţa ...

Viaţa să însemne doar a trăi pentru a muri? Prea puţin.

Numărul de vieţi jucate dă actorului celebritate.

De ce atâta cheltuială la americani pentru a afla dacă planetele sunt moarte? Vor să le dea viaţă?

Cum să trăim bine când ne conduc proşti?

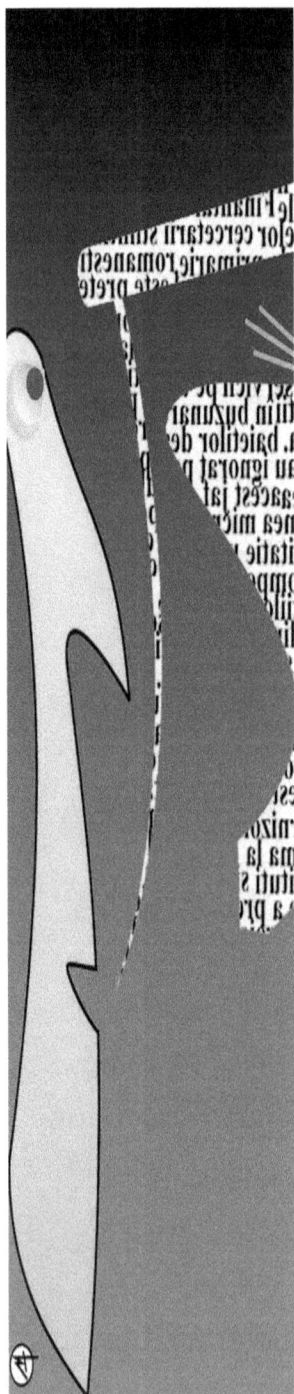

Regula de fier în politică: să plece ai noştri, să vină ai noştri.

Doar ochiul pictează poemul nescris.

Ce puternici mai sunt ochii. Chiar şi „scoşi" – unii din ei mai văd.

În vremurile noastre doar marinarii-preşedinţi s-au îmbogăţit. Fraudând statul şi apoi – cu ajutorul slugilor – rotunjindu-şi averea. Ceilalţi muritori, dacă muncesc, cum să se îmbogăţească?

Cine poate să îmi spună dacă viaţa de apoi mai durează. Personal îmbrăţişez părerile scepticilor.

La noi, ca la nimenea. De 25 de ani, partidele şi parlamentarii sunt şi făcători de fărdelegi.

Nu rataţi micile bucurii. De ştiut că Marea Fericire se mişcă deseori agale, poate întârzia şi posibil să nu-şi mai atingă ţinta.

Viaţa o trăieşti ca la foc, azi şi în viitor; în trecut n-o mai trăieşti deloc.

Greşelile prezentului ne sunt de ajuns. De ce să le recuperăm şi să le mai repetăm şi pe cele din trecut.

Cine n-are motive de râs, le găseşte uşor pe cele de plâns.

Energia morală din univers nu îi atrage la fel pe toţi.

Unde e un Dumnezeu pare a fi şi un drac. Ce concluzie să trag?

Doar titanii şi tiranii sunt cei care spun: totul sau nimic.

Cei care au împins artele pe un tărâm necunoscut au devenit şi mai cunoscuţi.

Rugăciunea e poezie, la rându-i – poezia rugăciune să fie.

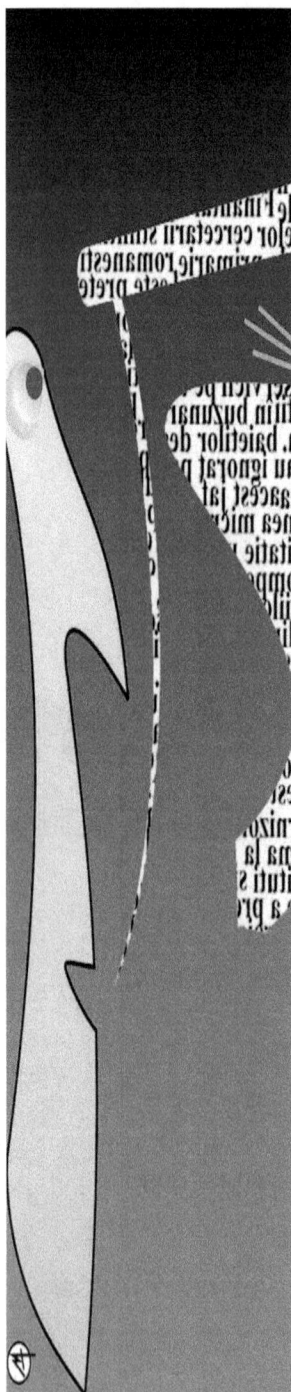

Puţini ajung în sferele înalte.
Locurile aici sunt date pe sponci.

Vechime înseamnă să-ţi păstrezi
încă vlagă în vine. Aceasta şi de la
distanţă se simte.

Pentru mine eroii neamului sunt
stejari de veghe pentru ţară, iar
stejarul este un stră-stră-strămoş al
românului.

Arta îmbrăţişează realitatea cu toate
simţurile ei. Intuiţia îi face loc.

Cârtiţele nu admiră înălţimile. De ce
ar face-o, dacă nu le văd.

Fără o minte trează şi un ochi isteţ la
ce
p e r m a n e n ţ ă să visezi sau să te
gândeşti?

Încearcă să traduci în alte limbi
înjurăturile metafizice româneşti.
Imposibil să reuşeşti.

Marcajele sunt ideale pentru turişti,
nu pentru artişti.

Nemurirea şi vitejia ajung veşnice în
amintiri.

Nu poţi intra în pielea unui animal
nici când mănânci miel la restaurant.

Cartea – a cunoscut nu doar glorie,
ci şi vieţi dramatice.

Câtă vreme nu vom pune munca pe cel mai înalt
piedestal şi n-o vom respecta aşa cum se cuvine,
dacă nu ca pe ceva sfânt, săraci vom rămâne.

În comentarii suntem azi tari; în fapte, simpli
boschetari.

Cu talentele româneşti aiurea plecate am rămas ca o
maşină hodorogită şi fără roate.

Existenţă fără suferinţă unde găsim? În rai? Nu ştim.

„Moarte clinică" – unic prilej de a dovedi că moartea
nu-i veşnică. Dispare şi revine.

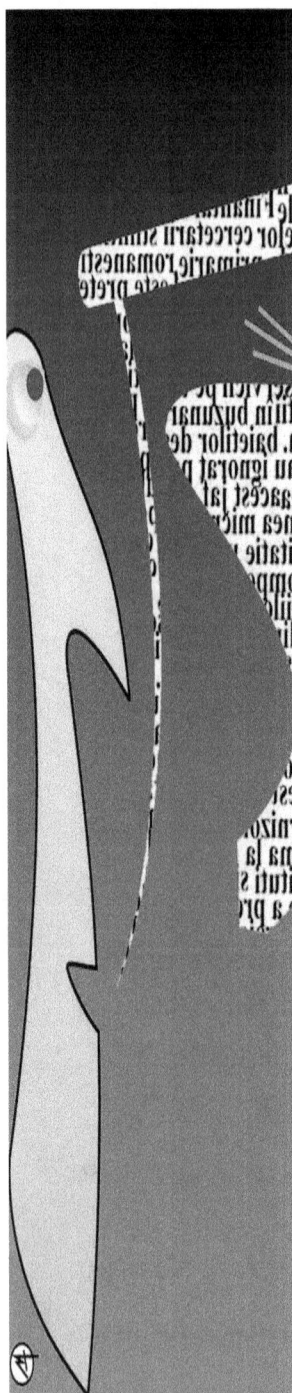

Într-o ţară în care lipseşte „tragerea de inimă", totul merge din rău în mai rău, după ce mai întâi a luat-o anapoda.

Am hotărât. Nu mai trăiesc în trecut! Constat. Uşor de spus, greu de făcut.

Multe imperii s-au prăbuşit din simple prostii.

Iertarea nu-i o boală. Păcat. S-ar schimba lumea, dacă ar deveni molipsitoare.

Poţi învăţa multe de la animale. Au simţuri pe care omul nu le are.

Inima de mamă niciodată nu încetează să bată pentru cel în viaţă.

Mai nou, marii hoţi au furat prin interpuşi. Istoric prin fraţi, fiice, cumetri, gineri etc. Toţi au pus ţara pe butuci.

Dintotdeauna animalele au spus adevărul. Fiind mute au fost mult mai credibile.

Cei care au coadă pot exprima mai sincer, simplu şi uşor bucuria.

Adevărul gol-goluţ dispare mai uşor. Pentru că e gol.

Şansa de-a rămâne cu toţi dinţii ţi-o asigură dantura. Dacă îi suportă.

Numai cel care nu ştie nimic se pricepe la toate.

Nu totdeauna curajul ţi-aduce doar foloase.

Măreţia şi bogăţia se ţin de mână. Dar până la urmă şi ele în neant se scufundă.

Sunt unele aterizări şi decolări care te duc direct la cer.

Mulţi citim, întâlnim sau auzim – Gânduri nepieptănate. Pe cele adevărate le-a scris numai Lec.

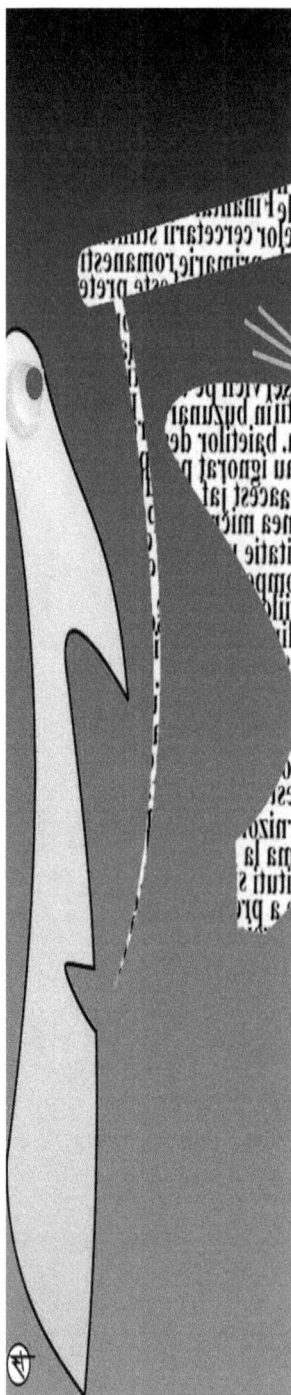

După 89 statul i-a îmbogăţit pe avocaţii, iar unul din preşedinţi şi pe notari.

Preşedintele României ar dori să avem Parlament unicameral şi unipersonal.

Cuvântul doctor vine de la doctorie sau doctoria vine de la doctor?

Trecutul glorios să-i fie consemnat în istorie şi-a dorit; l-a căutat urmaşii dar nu l-a mai găsit.

Şi unii politicieni, nu numai demografii adevăraţi, susţin desfrânarea.

N-au mai avut ce să-şi spună, iar înjurăturile din repertoriu s-au epuizat. Atunci la palme s-au luat.

Transhumanţa – o practică din Evul Mediu la români. Azi e la modă pe scară largă şi mai diversificată.

Imperiile s-au lichidat prin destrămare, niciunul n-a mai înviat. Aviz revizioniştilor.

A fost identificată data de când unii zboară fără aripi?

Sunt indivizi care se omoară din plictiseală.

Monumentele nu se plagiază; sunt inşi care însă „artistic" le copiază.

Unii ochi te văd mare, alţii mic. Pentru a se cunoaşte realitatea s-a inventat cuvântul: relativ.

Faptele de vitejie memorabile sunt întrecute de prostiile monumentale.

Nimicnicia se vinde la tarabă; porţionată: mare sau mică.

Cetăţenii turmentaţi se clatină. Ceilalţi se prăbuşesc.

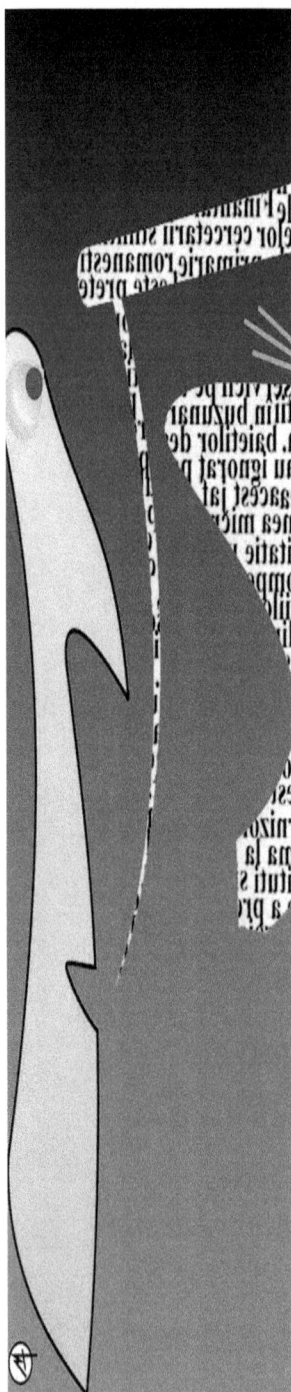

Paradoxurile de pe hârtie nu ajung la dimensiunea celor din realitate.

Am ajuns s-o vedem şi pe asta: un preşedinte care nu îşi iubeşte Patria, ci moşia. Moşia proprie. Una una comasată pentru el de alţii.

Nemurirea cumpărată la tarabă – până ajungi cu ea acasă – nu mai e valabilă.

În postură de zmeu, cârpa se înalţă sau zboară; în postură de paraşută la ţintă coboară.

Câştigurile unor demnitari români au crescut în proporţie geometrică. Indignarea nu ţine pasul cu această creştere.

Printre excepţiile apărute peste noapte găsiţi şi unele hoţii curate.

La negocieri n-a stat pe poante, să fie mai sus, ci în genunchi: vai, ce uşor a fost doborât.

S-a schimbat de tot natura. Ciorile se prefac în rândunele.

În transformare, puţin te lasă să le numeri dinţii.

„Opinia publică": găselniţă a democraţiei, care nu ştie cum să se facă mai credibilă.

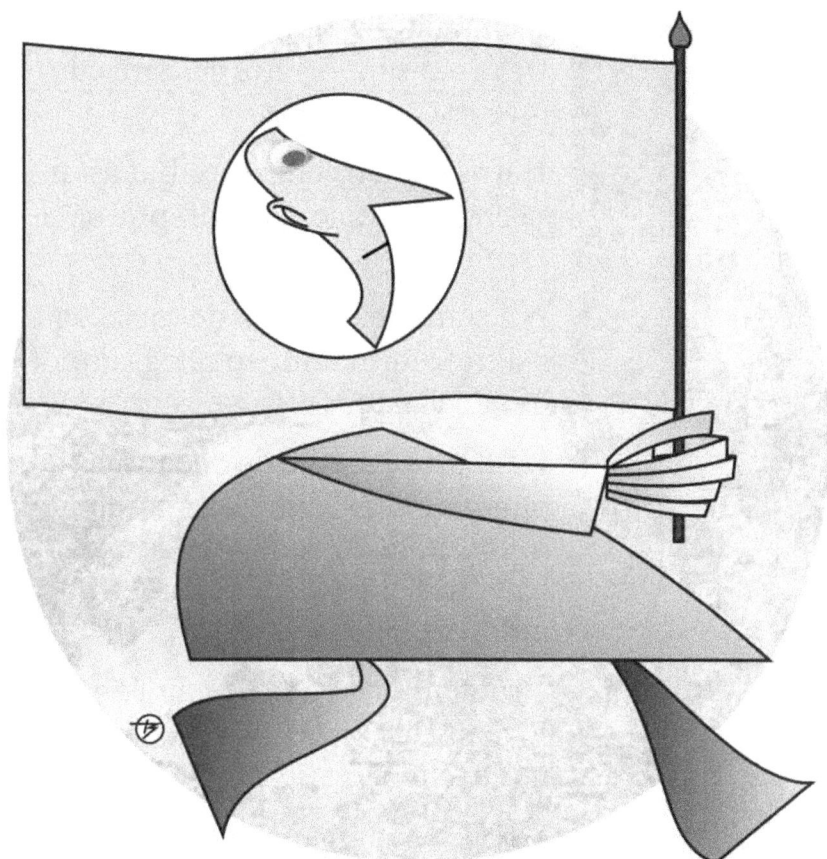

Maestrul în hoţie are „propria bibliografie"; capitolul: „Cum să se fure fără să ştie?".

Sunt instituţii importante care nu cunosc deviza: „doar tinerii suficient de bătrâni sunt buni!".

Unii preferă transparenţa puternic înceţoşată.

Am avut în parlamentul european suficiente javre care au lătrat cât toate cele din Bărăgan la un loc.

E un partid mai bun. Unul care nu fură ca cele de până acum: fără măsură.

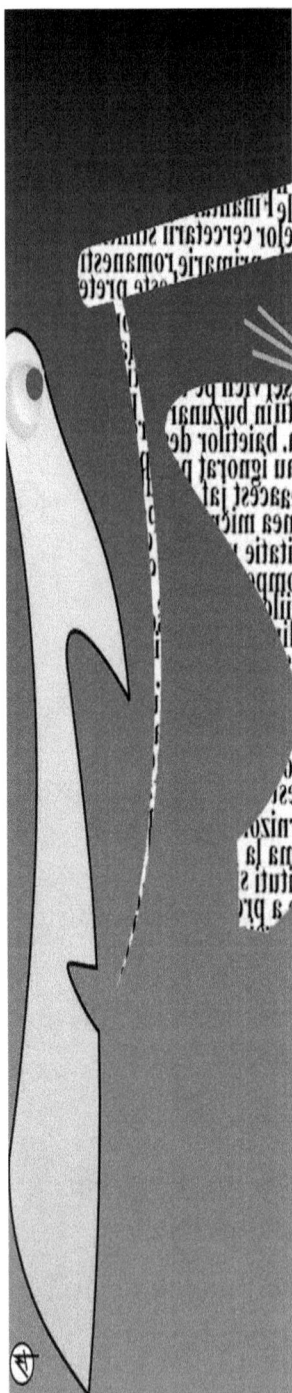

Românilor le place să sară gardul. De aceea sunt printre cei care au inventat avangarda.

Bătrânii nu trebuie certați. Lăsați-i să creadă că au măcar dreptul să fie ascultați.

Nu simțiți că rețeaua de socializare s-a transformat într-o rețea sordidă de canalizare?

Caut prin „Cărțile de onoare" ceva onorabilități și mai ales onorabilitate în societate. Am găsit scrise doar banalități urmate de semnături indescifrabile.

Prudenților să li se dea tot ce-i al lor. Ei sunt cei care au pus la adăpost multe comori.

Greșelile de tipar au dat cenzorilor mult de lucru, iar cultura s-a îmbogățit cu tot felul de lucruri hazlii. Vezi: în loc de vânătoare de urși, vânătoare de ruși, sub o fotografie din 1952.

Mulți clasici necitiți; sunt dați la o parte de autori minori.

Nu toate cioburile se pretează a compune un mozaic.

Nimic nu mă încarcă mai mult cu generozitatea și dragostea emanată

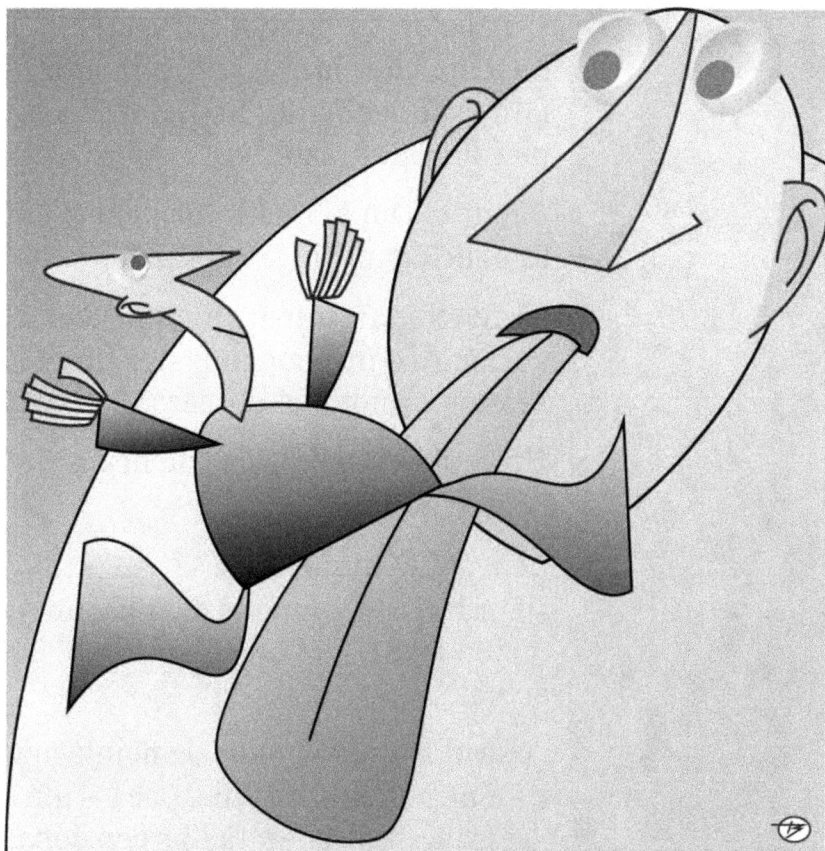

precum toamna. Câtă siguranţa ne dă: bobocii ce pot fi număraţi.

Când de frumuseţe şi adevăr am dat, dintr-o prea mare dragoste m-am sufocat.

Până unde se va ajunge cu progresul de azi? Întreabă nedumeriţi progresiştii.

Puţini ştiu că gunoaiele şi bălegarul îngraşă natural, pământul...

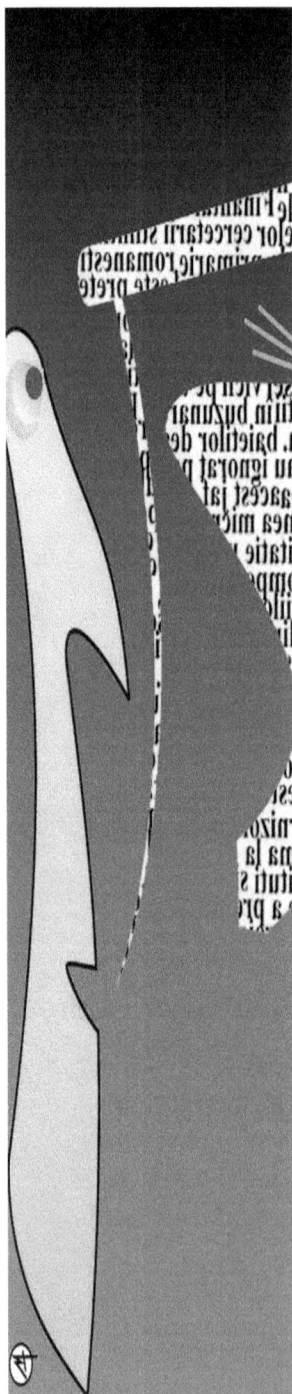

Bătălia dintre generaţii n-a fost niciodată de bătrâni câştigată. Dar fără experienţă necesară, tinerii au pierdut acest război.

Atenţie! Din Marea Uitării, nu se iese niciodată viu la suprafaţă.

Democraţia e într-o permanentă tranziţie. A început cu Platon şi Aristotel şi tot mai durează.

Profeţii neîmplinite – bile negre pentru profeţi.

„Învaţă să munceşti şi să aştepţi" – sigur îmi veţi spune că acesta e un dicton englez. Ştiu doar că este actual.

Acarul Păun: personaj de neînlocuit. Pe cine s-ar mai da vina, dacă – din greşeală – calea ferată l-ar pensiona?

Românii au ştiut de mult ceea ce şi-au dorit. Au cântat, hăt, de mult: Când rândunelele se duc...

Dictatorii au şi puncte de vedere mortale.

Cel mai mult râdem de animalele care imită sunete sau gesturi umane.

Miracol – eveniment nemaiîntâlnit şi care, totuşi – printr-o minune – s-a petrecut.

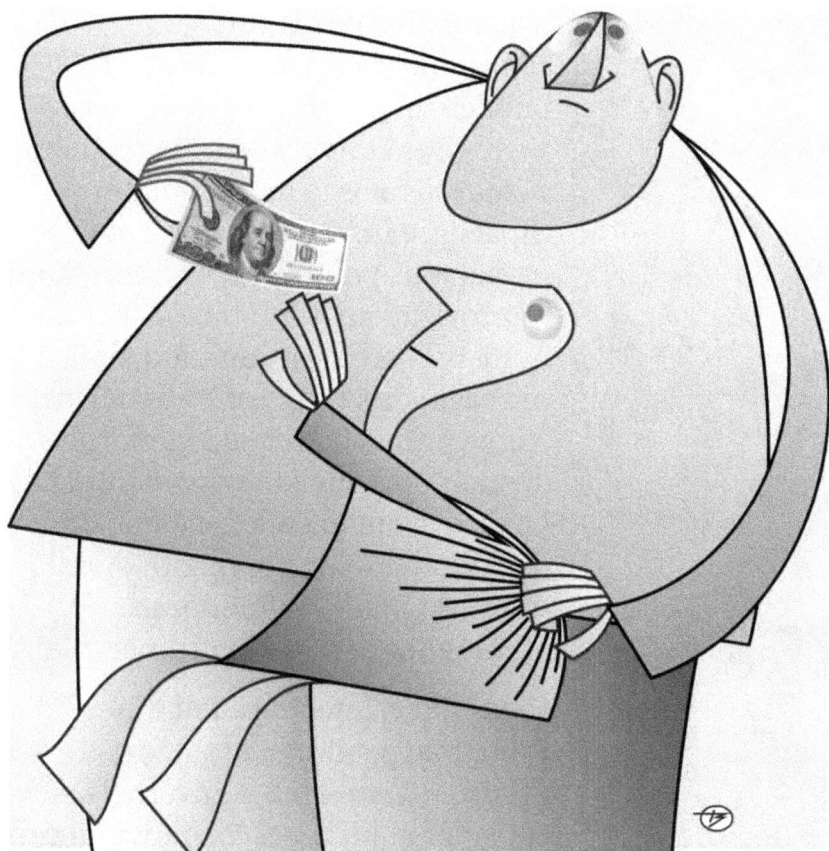

Nepăsarea – blestemul care împinge în prăpastie România.

„Soarta mea a fost hotărâtă de destin" – a spus, ritos, primarul Vanghele.

Dacă merge din haltă în haltă, la al nouălea cer n-ajunge niciodată.

„Alter ego" avut nu i-a servit. A murit.

Sub băsism – a merge la Canossa a însemnat: iată tranziţia.

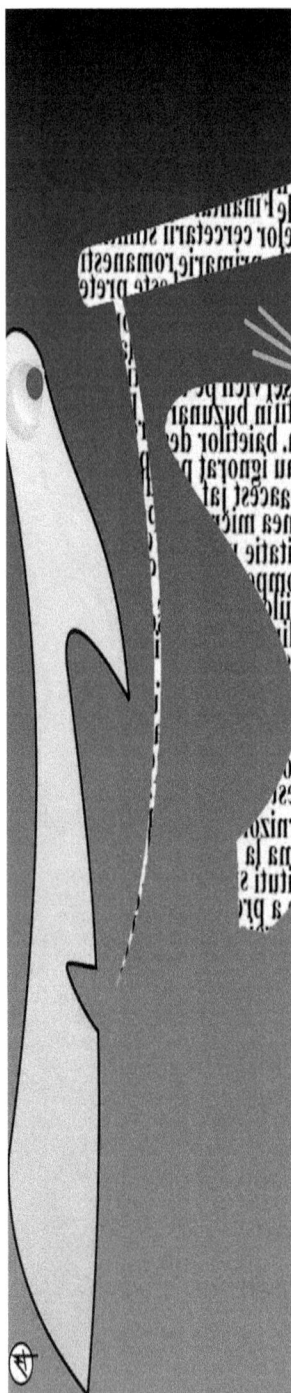

Tot mai des pe bloguri se consemnează o aserţiune a publicistului Octavian Goga, scrisă în 1916: „Ţară de secături, ţară minoră, căzută ruşinos la examenul de capacitate în faţa Europei... Aici ne-au adus politicienii ordinari, hoţii improvizaţi astăzi în moralişti, miniştrii care s-au vândut o viaţă întreagă, deputaţii contrabandişti... Nu ne prăbuşim nici de numărul duşmanului, nici de armamentul lui, boala o avem în suflet, e o epidemie înfricoşătoare de meningită morală." Adevărat până la Dumnezeu. Meningita morală e la ordinea zilei.

Unul din arhitecţii răului din România, pe nume pleşu, fost ministru în mai toate guvernele şi consilier al lui băsescu, individul care a pus din greu umărul să îl aducă la putere pe cel mai mare hoţ, ajunge să dea lecţii. Mare mizerie. O adevărată abjecţie.

Trăim într-un spectacol de circ prea lung şi păgubitor dat de circarii şi clownii aleşi de majoritatea românilor. Votul a fost în mâna ta, române, îţi meriţi pe deplin soarta. Căieşte-te că ai nenorocit-o şi pe-a urmaşilor tăi.

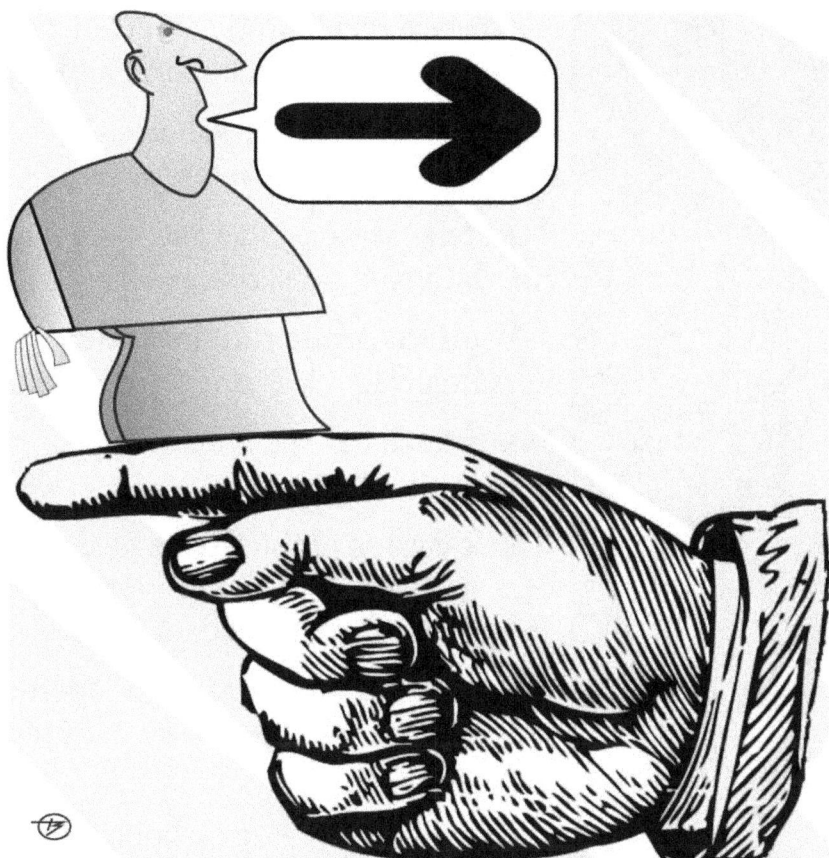

Când clasa politică şi societatea vor conştientiza că fără bătrâni nu există viitor, numai atunci România se va schimba.

S-a duelat computerul cu prostia umană. Ultima a ieşit învingătoare.

Dacă „tot răul e spre bine" – asigură-i cel puţin o perspectivă bună.

Când cu bucurie dai din ceea ce ai şi eşti, omenia cu siguranţă o preamăreşti.

Când nu mai ai nimic, puţinul devine mare şi mult.

Vorba are reverberații adânci în minți, lasă și răni greu vindecabile.

Viața-i cea mai mare victorie și recompensă pentru veterani.

Păcatele făcute pentru cucerirea libertății sunt prescrise pe loc.

CV-urile scornite sunt încercări de cursă scurtă.

N-am auzit ca vreun lunatic să fi ajuns (căzut) pe lună.

Țările care se prăbușesc de pe o zi pe alta, nu mai pot învia niciodată în forma în care au fost odată.

Nu cunosc tratate capabile să apere o țară de ingerința puterilor mari din afară.

„Războiul rece" – de război ne-a scăpat. O tragedie e numai cel cald.

De n-ar fi diplomația, tensiunile niciodată nu s-ar disipa.

Cel mai ușor de condamnat este „inamicul" străin. El a adus răul pe pământ.

Doar naivii cred în trăinicia „umbrelelor de securitate". Sub soare, numai interesul e cea mai trainică umbră și umbrelă.

Cred în spiritul critic. Doar el este vectorul sigur al progresului.

La întrebări ambigue cum să dai răspunsuri exacte?

Viaţa ar trebui să devină amintire! Pentru morţi – da! De ce însă pentru cei vii?

Când îţi cumperi stăpâni, înseamnă că ai şi renunţat la ideea de-a mai fi liber.

Cel cu memoria slabă nu cred că ar putea în ceva să mai creadă.

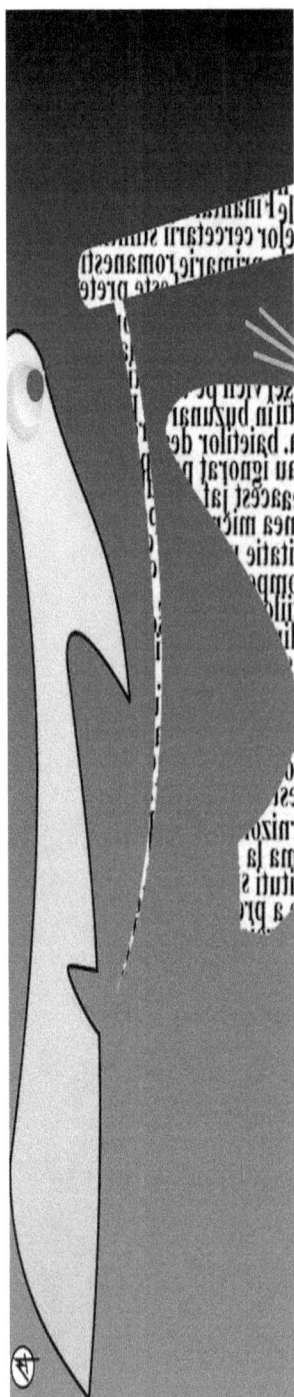

Atenţie scriitori! Scrisul cu sângele altora crimă înseamnă.

Abia ieşit din epoca de piatră, trogloditul tot înapoi trage.

Doar din „basmele adevărate" s-au născut cele mai frumoase basme.

Pentru cel fără de miros tămâiatul e de prisos.

Bestiile se simt în largul lor doar în oglinzile concave.

Chiar dacă cu greu reuşeşti, profilul interior e bine să ţi-l cunoşti.

Cum să recunoască ignorantul calităţile semenului său, când nici pe sine n-a ajuns a se cunoaşte.

Gafele ignoranţilor se văd de la o poştă; unele ajung monumentale.

Justiţia se va însănătoşi doar atunci când de partea puterii nu va fi; dar nici numai de partea ei interesată şi strâmtă pe nimeni n-ajută.

Banalitatea poate fi reînviată. Fără niciun folos: nu are vlagă.

Nu-ţi însuşi din gândurile altuia, dar nici pe-ale tale nu le înstrăina pe degeaba.

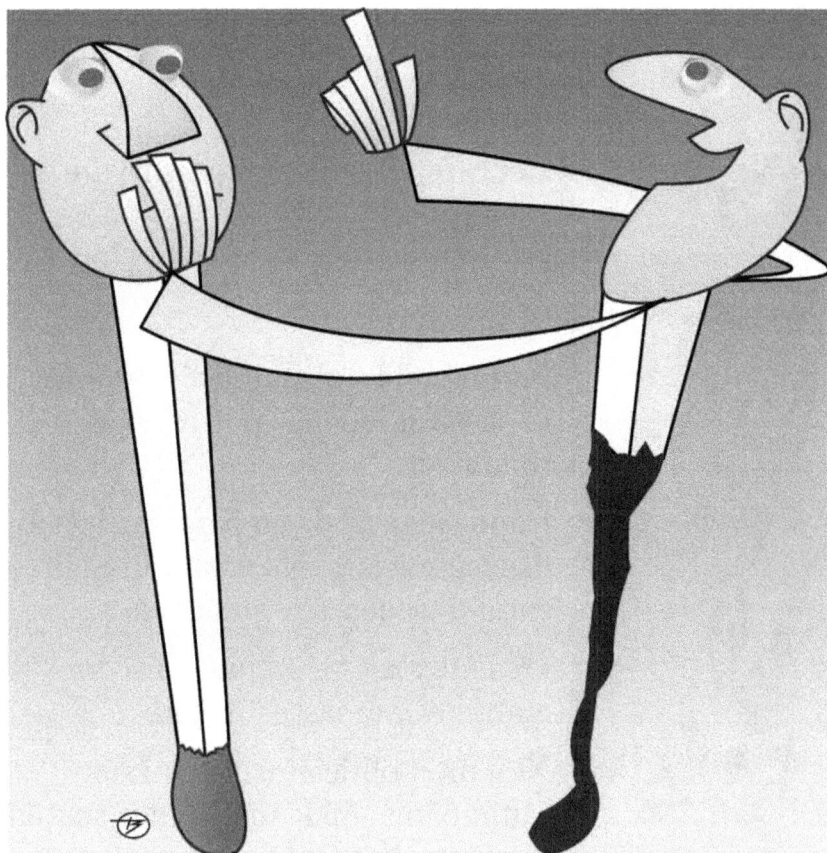

Doar înţeleptul ştie: – ce şi câte nu ştie. Pe ignoranţi nu-i puneţi la socoteală, ei sunt atotştiutori.

Numai la bătrâneţe am găsit răspuns la întrebarea-mi pusă când aveam zece ani. – De ce tremură busola? Te îndeamnă să fie prudent la fiecare pas.

Mi-aş dori să trăiesc bine, dar nu după reţeta unui politician grobian.

Nu cunosc psihologul care să fi cercetat spaţiul interuman din procesul cunoaşterii.

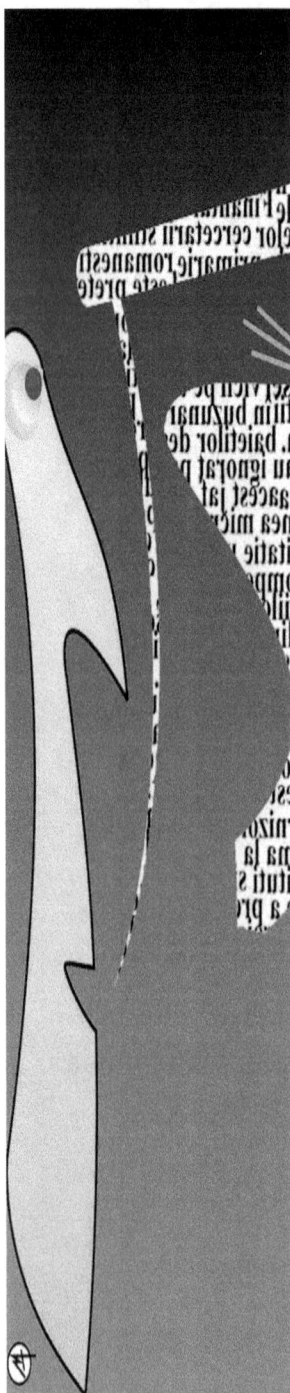

Răutatea şi fericirea nu fac casă bună, cu atât mai mult trai împreună.

Cei care nu cred sunt primii care păcătuiesc.

Caracter de două parale. Cum îi ceri să aibe şi valoare?

Numai Biblia şi scriitorii adevăraţi folosesc parabolele potrivite pentru timpul lor.

Când sluga îşi dă cu părerea, deja a depăşit măsura. Nu vă miraţi că în curând urmează retorsiunea.

De la rex la ex e un pas; ca şi din marginea prăpastiei în hău.

Mai toţi politicienii români sunt saltimbanci: nu le mai ajunge spaţiul terestru, abordează până şi cosmosul. Ruşinea le aparţine celor care îi bagă în seamă.

Avem politicieni care preferă Românistanul în locul României. Unde sunteţi, Români? De ce îi suportaţi? Până când?

Mişeilor le place să lase în urmă pârjol. Ştiu că focul le poate ascunde toate mişeliile.

Dacă nu-ţi plac cucuiele nu intra în labirinte prin care n-ai trecut.

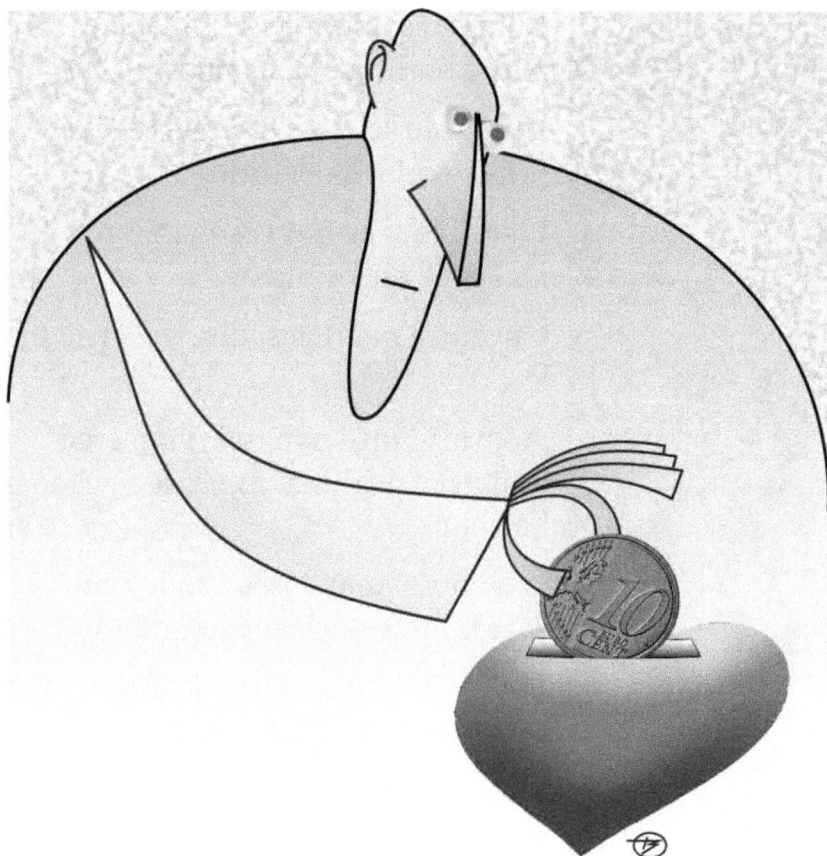

Asceza în limbaj doar la spiritele înalte se găseşte, mai ales la cei care au multe de spus.

În ce pană de inspiraţie a fost cel care a dat numele unui Zeu cu aripi unei biciclete. Sărmanii poeţi nu s-au supărat că lui Pegas, patronului lor, i s-au pus în locul aripilor roate.

Unii remarcă prea târziu că apropierea poate duce şi la înmulţire.

Retragerea dintr-o faptă la timp poate însemna progres istoric: personal sau colectiv.

Sunt aureole care ascund în ele multe hoţii sau chiar mişelii.

Lucrurile scumpe sunt de regulă printre cele mai ieftine.

Dacă omul ar trăi veşnic, timpul n-ar mai avea nicio valoare.

Cuvântul neînţeles, des, în beznă te lasă.

Adevărul nu-i o mască, cum cred unii. Nici neghină nu poate fi, ci doar bob curat.

Unii nu-şi mai doresc un loc sub soare. Preferă să stea în umbră.

Pregăteşte-te să îi dai şi stânga, după ce ai renunţat la dreapta.

Dreapta cu stânga au şi multe puncte convergente. Nu când se mănâncă una pe alta.

Pierde de obicei cine are. Cine n-are, ce să piardă?

Hapsânului îi place bunăstarea – atunci când aceasta curge – nu când abia picură.

Şi cei slabi cred. Dar pe măsura credinţei lor.

Am cunoscut un poet care de copita lui Pegas nu s-a ferit. Până la urmă de lovitura mortală a acestuia a murit.

Orice sistem poate fi c u r ă ţ a t. Cel politic în primul rând. Aceasta nu se face decât pe dinăuntru.

A avea obraz. O expresie românească nuanţată, dar mai ales gravă. Cred că chiar intraductibilă.

Singurătatea fuge de solidaritate. Nu şi invers.

Scopul nimicului este de-a nimici până nu mai rămâne în urmă nimic.

Instabilitatea – forţa care năruie cu uşurinţă trăinicia şi stabilitatea.

Dintr-a morţilor fericire: nu aud şi nici nu le pasă de injuriile şi criticile tardiv aduse.

Nefericiţii – şi ce mulţi sunt! Primii cunosc boala şi simptomele ei.

Când eşti sănătos nu realizezi cât de fericit poţi fi. Apreciezi mai bine sănătatea – numai după ce te-ai îmbolnăvit.

Puţine femei ştiu că şi cosmeticele au limitele lor. Pot acoperi numai doi-cinci ani din viaţă. Şi-atât.

Dezordinea poate deveni – prin firea ei – şi ordine. Numai aşa poate dăinui.

Până şi îngustimii nu-i place să fi îngustată.

Greu de făcut, uşor de distrus. De-aici atâtea nenorociri.

Pe unde a trecut binele sunt urme frumoase, pe unde a trecut răul ne doboară cele hidoase.

A sfârşi frumos – iată adevărata mângâiere cerească.

Să fie pesimistul un om mai bine informat? Da. Numai după ce ne vom convinge şi o vom fi şi demonstrat.

În adevăr, frumuseţea creşte, în minciună păleşte.

Mărirea-i piatra falsă, care trage la fund individul şi-l îneacă.

Caută să fii şi să trăieşti în adevăr! Este cea mai mare bucurie.

Nu doar în ştiinţă adevărul se află. Adevărul îl găseşti în viaţă, în artă, şi mai ales – în tot ce-i frumos.

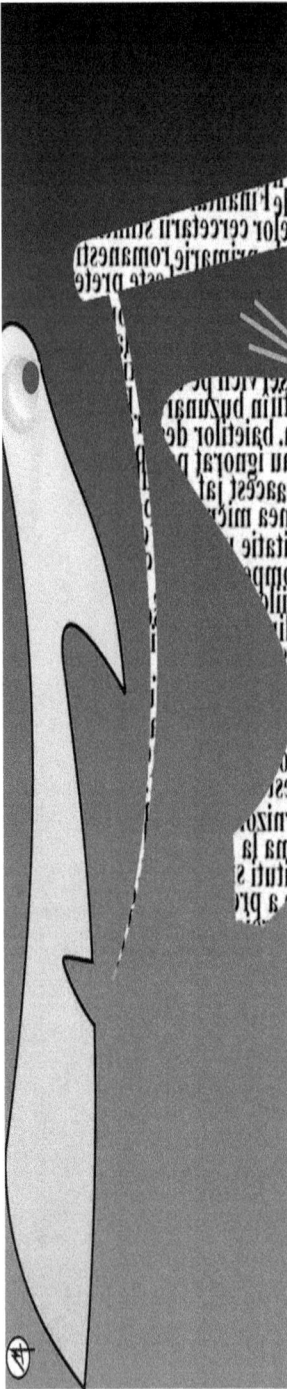

De obicei, uitucul minte mai mult. Că uită?

Zilele în care nu vorbeşti, cu aur caracterul ţi-l poleieşti.

Cine vorbeşte mult, aude puţin.

La noi ca la nimenea! Cea mai mare injurie adusă de români ţării lor e cea a conducătorilor lor.

O incomensurabilă putere se află în cuvântul frumos rostit. Îl înalţă pe cel care-l spune, dar şi pe cel care-l aude.

Iubirea adevărată nu se răzbună niciodată pe viaţă.

Pentru moartea de mâine de ieri te-ai pregătit. Puţini sunt cei atât de precauţi.

Fără trecut, consideră-te mort de-a pururea. Şi-aşa vei rămânea.

Opiniile contrare pot lumina, dar pot şi întuneca.

Comentarii din fotbal: – are ambele picioare. Se spune de obicei despre cel care – c a p n-are!

Când nu mai ai nimic – p u ţ i n u l (vai!) ce mult înseamnă!

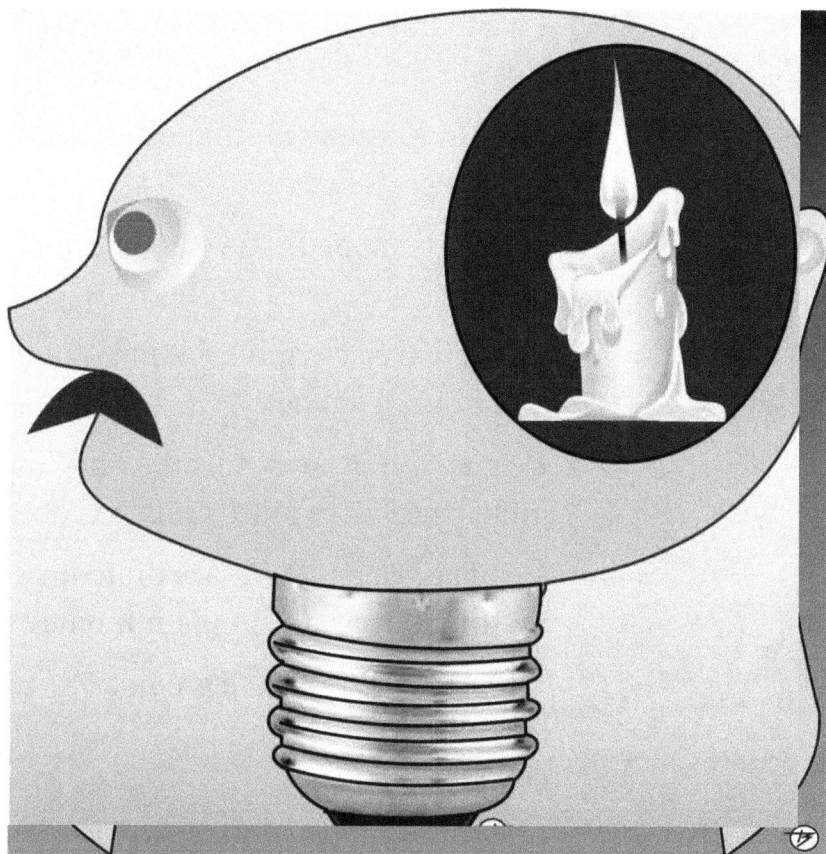

Feriţi-vă! Vorbele grele pot face răni, unele nevindecabile.

Nu orice taină merită păstrată.

Eşti perfect? Atunci critică-mă, batjocoreşte-mă, înjură-mă!

În bucuria răspândită găseşti şi faţete necunoscute.

Cu răbdare, din pruncie se învaţă să nu ai frică de frică!

Respectă speranţa altuia. Poate avea ceva sfânt în ea.

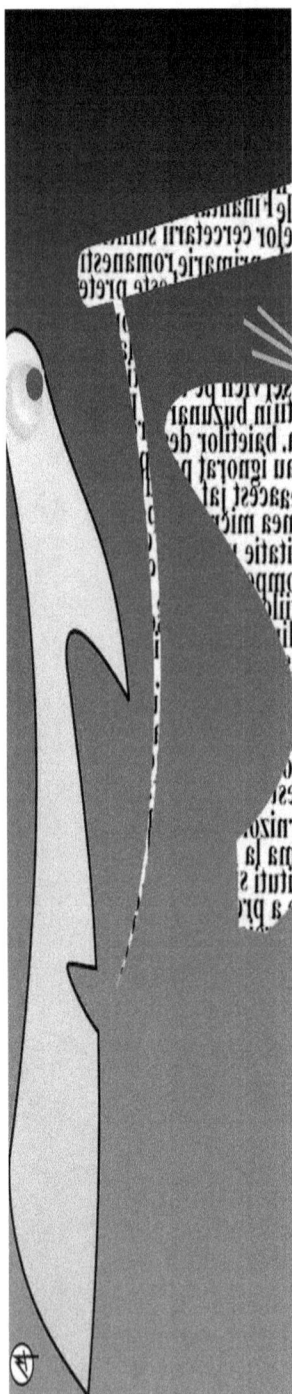

La supărare, încearcă să nu spui – Nu!

Cred în ipostaza că singurătatea îmi limpezeşte judecata.

Pentru trup meditaţia e un balsam necesar.

Nu poţi avea cuvintele la tine – când n-ai nimic a spune!

Pe cine mişcă cuvântul alb? Mai întâi, pe cel care n-are nimic în cap.

Femeia-i capabilă să facă dintr-un multimiliardar un simplu milionar.

Un prieten adevărat e greu de cumpărat. De vândut, îl poţi vinde chiar imediat.

Patria, care are nevoie de un alt popor, nu-i patria mea.

Cine se târâie, departe nu ajunge.

Nevasta de altul ademenită greu se mai întoarce la colibă.

Orice ai face nu o duci mai mult decât se poate!

Multora care câştigă mult, banii nu le-ajung. Îi salvează cei care câştigă puţin.

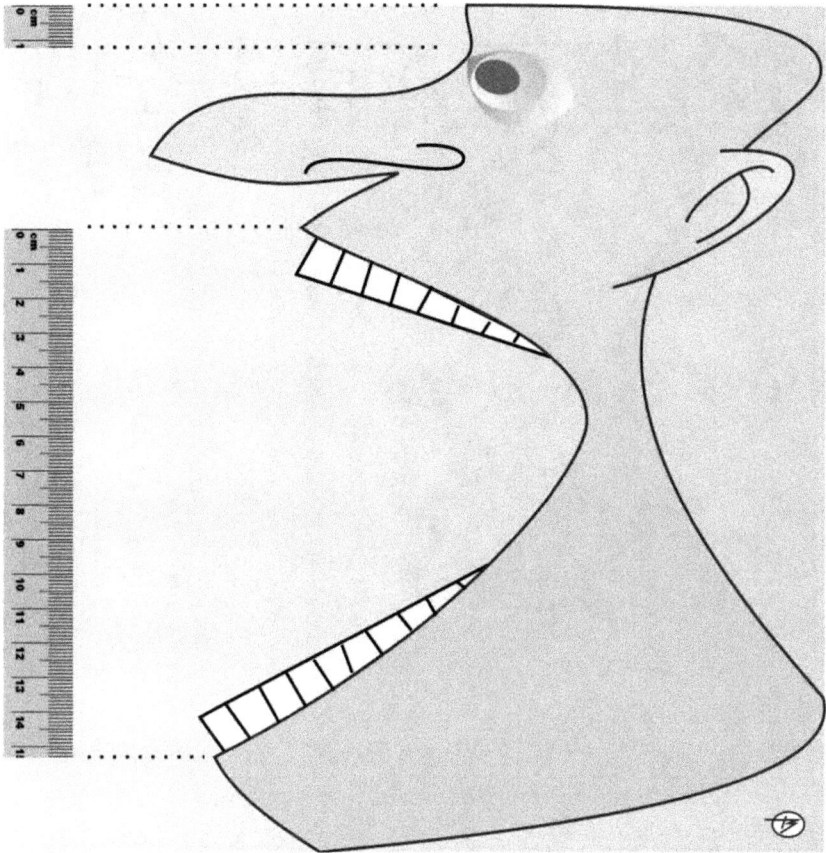

Beţivanul nu bea că-i e sete, ci că trebuie.

Din cauză c-au fost prea mult strivite ori măcinate, unele cuvinte devin parşive sau chiar deşarte.

OCTAVIAN BOUR
www.OctavianBour.ro

Data naşterii: August 5, 1937 la Cernăuţi, Ucraina

Studii: *Intitutul de Arte Plastice Ion Andreescu* din Cluj

Profesia: grafician, ilustrator, redactor artistic la revista *Steaua*

Caricaturi şi ilustraţii în publicaţii din ţară şi străinătate

Participant la saloane de umor din Canada, Italia, Turcia, Rusia, Bulgaria, Iugoslavia, Franţa

Lucrări în colecţii şi muzee din România, Statele Unite, Canada şi Elveţia

Membru al *Uniunii Artiştilor Plastici din România*

Membru al *Asociaţiei Culturale Punct*

www.ingramcontent.com/pod-product-compliance
Lightning Source LLC
LaVergne TN
LVHW051238080426
835513LV00016B/1653